Saggi & Tesi

*continuando un sogno di Nicola*

Antonella Iaschi

Emiliano Rinaldi

# PICCOLA GEOGRAFIA DELLA MEMORIA
## APPUNTI DI ICONOGRAFIA SISMICA

Il 6 maggio 1976 un tremendo terremoto ferì il Friuli. Trentasei anni dopo, è il 20 maggio 2012, destino analogo spetta all'Emilia. La mostra e le poesie di *Piccola geografia della Memoria* nascono all'interno di *Taramot*, progetto solidale che lega in un gemellaggio le due regioni.

Gli autori ringraziano tutti coloro che, a vario titolo, hanno contribuito alla circuitazione dell'omonima mostra e fornito immagini e segnalazioni per la realizzazione di questo libro, e in particolar modo: le associazioni Le Nuove Querce (Tricesimo) e La Rinascita (Udine), la Pro Loco di Tricesimo, Credifriuli (filiale di Savorgnano e Povoletto), la redazione di Mumbleduepunti, Centro Etnografico Ferrarese, Archivio Storico Comunale di Ferrara, Sergio Bonelli Editore, Photogallery (Modena), Fotoclub Ferrara, i titolari della gelateria Il Glicine (Tricesimo), Daniele Andreotti, Arianna Balboni, Alessia Baraldi, Michele Barbieri, Sandra Calzolari, Elena Caniato, Claudio Cavazzutti, Sara Cestari, Donatella D'Angelo, Tullia De Cecco, Antonio De Lucia, Roberta De Tomi, Ennio Di Bortolo, Alice Dieci, Sandro Fabbri, Marco Isipato, Gianfranco Lugano, Luna Malaguti, Thomas Malaguti, Corinna Mezzetti, Valentina Morsiani, Andrea Rinaldi, Roberto Roda, don Antonio Santantoni, Licia Vignotto, Giacomo Vincenzi, Marina C. Walters, Giuseppe Zurini.

# INDICE

**PICCOLA GEOGRAFIA DELLA MEMORIA** *di Antonella Iaschi, Emiliano Rinaldi*

# INTRODUZIONE

# COME ERA, DOVE ERA?

Thomas Malaguti *

Il dibattito sulla ricostruzione è, a tre semestri dagli eventi sismici del maggio 2012, entrato nel vivo. In questi mesi le gru, specialmente pubbliche e di privati con disponibilità economiche, disegnano lo skyline della bassa modenese. Non vorrei soffermarmi sul chiedermi se queste siano ancora poche o in numero significativo, ma vorrei sottolineare che qualcosa si sta muovendo. E si è mosso fin da subito: in Emilia, sono state fatte scelte, sperimentando un modello di gestione dell'emergenza che non può ancora essere giudicato. La principale, pienamente condivisibile, è stata quella del "prima le scuole". Ed è stata una corsa contro il tempo vinta.

Ora è necessario affrontare ciò che non è, e non può essere, emergenza, strutturando piani che incidano positivamente sul territorio, urbano e rurale, e sull'economia. Già questa considerazione porta con sé la non attuabilità di quel tema che a ogni catastrofe viene riproposta nei ragionamenti sulla ricostruzione: il "com'era, dov'era".

Frequentavo l'università quando mi trovai a riflettere per la prima volta su questo tema. Dopo la consegna e la discussione di una breve presentazione dal titolo *Il restauro com'era dov'era – Teoria ed esempi pratici nel dopo guerra*, in cui venivano approfonditi vari casi studio, ricordo che rimasi spiazzato dalle critiche. Ero caduto nel tranello, redigendo la ricerca come se il restauro "com'era dov'era" fosse realmente un restauro e non, estremizzando, un falso storico. Le professoresse si aspettavano una semplice frase: il restauro "com'era dov'era" non è un restauro.

---

* Architetto.

Questo breve aneddoto, per tornare alla ricostruzione, porta alla luce le contraddizioni del recuperare un modello in scala uno a uno di un edificio in maniera statica e acritica, per nostalgia o per paura di quello che può essere il nuovo anche se, a pensarci bene, questo timore non è del tutto infondato in un settore dove spesso è la speculazione a costruire le città.

Per questo motivo dallo slogan "com'era, dov'era" va eliminata la prima parte, focalizzando l'attenzione sul "dov'era", per limitare al massimo il consumo di ciò che è bene comune primario, ovvero il suolo, e per non immobilizzare con il "com'era" quel processo naturalmente dinamico che è l'evolversi del tessuto urbano.

In Emilia si sta cercando di rispettare il "dov'era", non delocalizzando i servizi necessari troppo lontano dalle sedi originarie e dal centro, come avvenuto a L'Aquila. Questo intento però si scontra con le tecniche costruttive adottate, che dovrebbero realmente privilegiare il temporaneo nell'emergenza, cosa che molto raramente avviene, e che potrebbe comportare in futuro la trasformazione di aree non edificate in edificate riproponendo il problema della speculazione.

Questa a mio avviso è solo un'istantanea del dibattito sulla ricostruzione attuale e potrà essere sviluppata solamente quando le politiche di gestione del territorio che si stanno studiando saranno definitive.

1. Castello Lambertini, Poggio Renatico (Fe).

2. Oratorio Ghisiglieri, San Carlo (Fe).

3.  Chiesa di San Francesco, Mirandola (Mo).

4. Oratorio sulla strada statale 468, Mirabello (Fe).

5. Chiesa di San Felice vescovo martire, San Felice sul Panaro (Mo).

6. Chiesa di Santa Apollonia, Ferrara.

7. Il centro di Cavezzo (Mo) a maggio 2013.

# APPUNTI DI ICONOGRAFIA SISMICA

# APPUNTI DI ICONOGRAFIA SISMICA

Emiliano Rinaldi

## 1. DELLA TERRA TREMANTE[1]

La perdita di memoria storica è uno dei pericoli maggiori nella prevenzione del rischio sismico: terremoti distruttivi scuotono l'Italia con una cadenza media di 5 anni e, quotidianamente, innumerevoli piccoli movimenti tellurici ridisegnano impercettibilmente il paesaggio e le geografie urbane e dell'animo di chi vive queste drammatiche esperienze, tuttavia l'elevata sismicità della penisola viene colpevolmente sottovalutata.[2]

Quando il 20 maggio del 2012 un violento sisma colpì il triangolo compreso tra Ferrara, Modena e Bologna numerosi presunti esperti sostennero la tesi dell'eccezionalità dell'evento, rilanciando il falso mito della non sismicità della pianura Padana e di come l'unico terremoto noto su questo territorio risalisse al 1570.

Nulla di più sbagliato: Argenta fu rasa al suolo nel 1624, Modena subì danni nel 1671, e numerosi piccoli sismi sono riportati nelle cronache

---

[1]  *Terra Tremante* è il titolo del trattato di Marcello Bonito che analizza cronologicamente i grandi terremoti fino al 1691, anno della pubblicazione.

[2]  Paradossalmente il decreto denominato *Ecobonus,* convertito nella legge 90/2013 e pubblicato sulla *Gazzetta Ufficiale* n. 181 del 3 agosto 2013, esclude il cratere sismico emiliano dall'accesso agli sgravi economici al 65%. Per la burocrazia italiana, sfidando ogni evidenza, il triangolo compreso tra Ferrara, Bologna e Modena è a "basso rischio sismico", nonostante il terremoto sia stato catalogato come il terzo disastro naturale in termini economici del 2012 secondo quanto si legge nel dossier *Futuro da proteggere,* realizzato dall'Agenzia Italiana per la risposta alle Emergenze. Dalla sua lettura emerge un altro dato sconfortante: nel decennio 2002/2011 ammontano mediamente a ben 68.000 le vittime annuali provocate dai terremoti in tutto il mondo

8.  Il municipio di Sant'Agostino dopo la scossa del 20 maggio 2012 (foto di Emiliano Rinaldi).

9. Una traccia degli effetti del sisma del 1570 nel centro storico di Ferrara (foto di Emiliano Rinaldi).

10.　*Niente non trasforma le porte in finestre* è il titolo della foto scattata da Luna Malaguti il 29 maggio 2013, primo anniversario della seconda scossa emiliana, che intende far riflettere sulla generale rimozione dalla memoria dell'evento.

fino ai giorni nostri. Anche Riccardo Bacchelli, attento catalogatore di storie ferraresi, ne scrisse in uno degli episodi chiave del suo massimo capolavoro letterario, Il mulino del Po, testimonianza della ben nota sismicità del territorio ferrarese.[3]

Sarebbe sufficiente ritrovare la capacità di osservare i centri urbani per scorgere i segni dei terremoti passati, anche lontani di secoli: l'arena di Verona deve il suo caratteristico aspetto attuale a quello del 3 gennaio 1117, che ne provocò il crollo dell'anello esterno, mentre il centro storico di Ferrara è caratterizzato da edifici con pareti spanciate, colonne storte e migliaia di catene e tiranti metallici, eredità del lungo sciame sismico che per quattro anni, a partire dal 1570, fece tremare il ducato estense.[4]

Altre indicazioni, relativamente ai terremoti che si sono succeduti nel corso dei secoli nell'area padana, si possono rintracciare nei nomi, è il caso, ad esempio, della Torre Mozza del Palazzo Comunale di Modena, così chiamata dopo la decapitazione della sommità avvenuta per il sisma del 1671. Negli archivi storici inoltre è ricchissima la documentazione scritta attinente a fenomeni sismici. L'inquietudine generata dai grandi terremoti era tale che a volte l'eco ne sopravviveva a lungo nella cultura popolare divenendo un fattore temporale discriminante, esiste un prima e un dopo, come testimoniato da un documento dell'agosto del 1169 che racconta di una controversia su un confine tra l'abate Guido da Pomposa e Monaldo, priore di Santa Maria in Porto: il testimone chiamato a dirimere la diatriba dichiarò che il terreno conteso apparteneva all'abbazia di Pomposa da almeno 50 anni, dal tempo del terremoto.[5]

---

3   «E forse stava per rubare il mestiere a Fratognone, se non si fosse sentito, lontanissimo ed imminente, nell'aria chi sa dove, e sotto i piedi nelle viscere del suolo, il boato del terremoto» (Riccardo Bacchelli, *Il mulino del Po*). Il terremoto del 1836 viene citato, con la data del 15 agosto 1836, anche nella cronistoria locale conservata nell'archivio parrocchiale di Formignana: «... dopo le 5 del pomeriggio gli uccelli migrarono, si alzò un vento impetuoso simile al rumore di una battaglia e si levò un gran terremoto che provocò un grande spavento a tutta la popolazione».

4   La consuetudine ferrarese di rinforzare gli edifici con elementi metallici per aumentarne la resistenza antisismica, eredità costruttiva legata al terremoto del 1570, sopravvisse fino al XVIII secolo.

5   «Alii namque dixerunt ecclesiam Pomposianam continue possedisse per L annos. Alii a tempore terremotus usque modo», in *Codice diplomatico della chiesa bolognese. Documenti autentici e spuri*, di Mario Fanti e Lorenzo Paolini, Istituto Storico Italiano per il Medioevo, 2004.

11. Come appariva la zona rossa de L'Aquila nella primavera del 2012. Ad oggi nulla è cambiato (foto di Arianna Balboni).

12. Una via nella zona rossa de L'Aquila così come appariva nella primavera del 2012 (foto di Arianna Balboni).

Stime prudenziali calcolano in circa 150.000 le vittime di terremoti dall'unità d'Italia a oggi, a cui vanno sommati gli ingenti costi sociali e materiali legati a ricostruzioni spesso disattese. Fermo restando che l'elaborazione e il superamento del trauma sono meccanismi di autodifesa necessari affinché sia possibile avviare la ricostruzione, e conseguentemente tornare a vivere la propria quotidianità sui luoghi colpiti, si dovrebbe sempre trarre insegnamento dall'esperienza vissuta adottando successivamente comportamenti virtuosi che portino a razionalizzazioni urbanistiche e adeguate norme antisismiche.

Se in tempi non troppo lontani la memoria di una catastrofe naturale sopravviveva a lungo nella cultura popolare, originando meccanismi di commemorazione piuttosto che di rimozione e quindi una maggiore consapevolezza del rischio sismico, l'attuale secolarizzazione della società, unita a una sorta di cieca fiducia nella tecnologia, a un generale impoverimento culturale e a saturazioni mediatiche in cui il telespettatore viene continuamente bombardato da immagini in tempo reale di disastri naturali da ogni angolo del pianeta conducendolo all'anestetizzazione emotiva, ha portato alla distruzione del bagaglio culturale che si trasmetteva di generazione in generazione.

Un esempio? Nel 2009 L'Aquila fu devastata da un tremendo sisma, i cui danni risultarono amplificati da una folle speculazione edilizia che aveva edificato su ben note faglie attive, aggirando in diverse circostanze le norme antisismiche. Già nel 1461 e nel 1703 la città era stata rasa al suolo e, nel 1915, l'Abruzzo aveva pianto oltre 30.000 vittime in Marsica. Nel 1985 l'allora prefetto cittadino elogiò pubblicamente la consapevolezza e la preparazione degli aquilani in seguito a un prolungato sciame sismico che spaventò la città. Sono stati sufficienti poco più di venti anni per disintegrare e disperdere questo fondamentale bagaglio di conoscenze.

## 2. IPERMEDIAZIONE
## E BANALIZZAZIONE DEL DOCUMENTO VISIVO

Viviamo in una società costruita sull'immagine. La rivoluzione del digitale, che ha reso accessibile a chiunque la tecnologia di ripresa, sommata alla possibilità di diffusione in tempo reale di contenuti online, ci sommerge quotidianamente di documenti visivi, un flusso incontrollato che finisce col travolgere la nostra capacità di decodificare ciò che vediamo, travalicando le nostre capacità cognitive. E una massa strabordante di informazioni, paradossalmente, può portare a una frammentazione della conoscenza dei fatti.

Dibattiti, spesso catastrofisti, sulla diffusione del mezzo fotografico e sulla conseguente banalizzazione dell'immagine accompagnano la fotografia fin dai suoi albori, rinnovandosi ciclicamente a ogni innovazione tecnica. Già nel 1889 Coccoluto Ferrigni sosteneva provocatoriamente di non vedere alcuna differenza tra una statistica sul numero dei fotografi e un censimento della popolazione: fu infatti proprio nel decennio compreso tra il 1880 e il 1890 che si avviò, grazie alle preparazioni a base di gelatina al bromuro d'argento, un massiccio processo di democratizzazione nell'accesso al mezzo fotografico.[6] Su queste premesse nel 1989, nel centocinquantesimo anniversario della nascita della fotografia, il critico Joachim Schmid lanciò un'ulteriore provocazione: non realizzare alcuna nuova immagine fino a quando non fossero state utilizzate tutte quelle prodotte fino a quel momento.

Ma se con l'analogico permanevano dei filtri che assicuravano una selezione delle immagini alla fonte, dai costi di stampa, che imponevano al fotografo di ragionare su ogni singola inquadratura, all'attività

---

6   Già all'annuncio dell'invenzione di Daguerre si scatenò una vera e propria smania collettiva identificata col termine *dagherrotipomania*, limitata però da difficoltà tecniche e da costi elevati che rendevano, nei fatti, la fotografia accessibile solamente a una élite facoltosa. L'avvicinamento delle masse alla fotografia avvenne grazie a due fattori correlati: l'introduzione delle emulsioni al bromuro d'argento, che accorciarono notevolmente i tempi di posa, e l'introduzione di apparecchi fotografici più piccoli e leggeri. Risale al 1888 il lancio sul mercato della prima Kodak, apparecchio precaricato dall'estrema semplicità d'uso, che si rivelò un grande successo commerciale con 13.000 unità vendute nel primo anno di commercializzazione.

di redattori ed editori, che mantenevano l'unità descrittiva e dei punti di vista, confinando tutta la produzione iconica non pubblicabile agli album di famiglia, la rivoluzione digitale e il proliferare di siti internet dedicati alla fotografia amatoriale ha scardinato questi vincoli, definitivamente abbattuti dalla larghissima diffusione degli *smartphone*, tanto che è lecito sostenere che oggi tutti fotografano. E tutto si fotografa, con una incontrollata moltiplicazione dei punti di vista che porta all'annientamento di quanto rappresentato, la visione d'insieme viene sostituita da una sommatoria di visioni singole che perdono la capacità descrittiva, mentre la mancanza di razionalizzazione del patrimonio visivo comporta una perdita di gerarchizzazione, per cui la foto di un gattino postata sul proprio profilo Facebook può essere collocata sul medesimo piano di un'immagine di denuncia sociale.

Giusto per dare un riferimento numerico, sul solo social Istagram mediamente vengono caricate 40 milioni di fotografie ogni giorno, caratterizzate da un generale livellamento estetico dovuto all'applicazione collettiva di una manciata di filtri *vintage*, erroneamente ritenuti creativi dagli utenti privi delle minime basi di tecnica fotografica: una brutta fotografia tale rimane indipendentemente dal filtro che viene applicato su di essa.

Conseguenza di questa logorrea visiva, spesso dettata dal desiderio di testimoniare la propria esistenza o dalla convinzione che le decine di foto di eventi familiari, che non vanno oltre l'interesse strettamente personale, siano di rilevanza collettiva, è la pressoché invisibilità digitale: il numero di fotografie online è talmente ampio da condannarle all'oblio virtuale, probabilmente nessuno le vedrà più già a distanza di poche ore dall'averle postate sulla rete Internet.

Sintetizzando, si può affermare che l'incontenibile dilatazione del consumo di immagini è inversamente proporzionale alla capacità critica dell'utente, che può essere facilmente raggirato dall'elemento di mistificazione, più o meno volontario, che può sovrapporsi.

Un esempio: alcuni giorni dopo la scossa del 20 maggio 2012 prese a circolare online una foto in bianco e nero della chiesa di San Cristoforo alla Certosa di Ferrara, che ne ritraeva il campanile mozzato, immagine descritta come danno subìto in seguito al terremoto. In realtà la foto

13-14-15.
Un esempio di ipermediazione del messaggio visivo: col variare dell'inquadratura, isolando singoli dettagli, cambia la percezione del danno. Tre foto del castello Lambertini a Poggio Renatico dopo la scossa del 20 maggio 2012 (foto di Emiliano Rinaldi).

fu scattata nel gennaio del 1944 dopo un'incursione aerea alleata ma, nonostante l'oggettiva semplicità nel verificare l'integrità dell'edificio recandosi sul luogo, diversi ferraresi postarono la fotografia sulle proprie bacheche Facebook, assumendola come veritiera, salvo poi cancellarla dopo la seconda scossa del 29 maggio.

Questo piccolo esempio si presterebbe a considerazioni più ampie, legate all'arretratezza culturale nell'uso delle tecnologie informatiche, e su come l'italiano medio tenda a non informarsi né ad approfondire, limitandosi spesso a condividere sui social network notizie senza verificarne l'autenticità. Ma vittime di clamorosi abbagli a volte si rivelano anche coloro che, teoricamente, dovrebbero possedere un adeguato bagaglio culturale atto all'interpretazione di un documento visivo. Nel 2008 il prestigioso quotidiano francese *Le Monde* pubblicò agghiaccianti fotografie spacciate per scatti presi poco dopo lo sgancio dell'atomica su Hiroshima, autenticità avallata dall'altrettanto prestigiosa Hoover Institution: a nessuno passò per la mente che il fuoco atomico avrebbe bruciato gli abiti dei cadaveri e le foglie degli alberi, che invece apparivano ben rigogliosi. In realtà le fotografie si riferivano al terremoto giapponese del 1923, ulteriore prova che spesso i nostri condizionamenti mentali ci fanno vedere solamente ciò che vogliamo vedere.

Nel 1985 il fotografo e saggista Bruno Vidoni scriveva che «la macchina fotografica è ancora oggi uno dei moderni meccanismi che può rendere credibile un mito che si stenti a proporre e che, fotografato, sceneggiato, pubblicato, visto e fruito da milioni di spettatori candidamente lo prenderanno sul serio». Le sue parole valgono oggi ancor più di ieri.[7]

---

7    Bruno Vidoni, «L'improbabile verità dell'immagine ottica», in *Ravalle. Audiovisi e territorio*, a cura di Roberto Roda, Arstudio C, 1985.

# 3. ICONE FOTOGRAFICHE E STEREOTIPI VISIVI

Ci sono immagini che possiedono una tale potenza visiva che finiscono col radicarsi nel nostro bagaglio culturale, simboli forti che totalizzano un evento nell'immaginario collettivo: il miliziano lealista colpito a morte, immortalato da Robert Capa nel 1936, è l'emblema unico della guerra civile spagnola, il marinaio che bacia una giovane donna a Times Square ripreso da Alfred Eisenstaed sintetizza la gioia per il termine del secondo conflitto mondiale, la bambina ustionata che grida di dolore correndo nuda sulla strada, fotografata da Nick Út nel 1972, è il manifesto degli orrori della lunga quanto insensata guerra del Vietnam. Si tratta di immagini nate nell'era analogica, quando minore era la diffusione del mezzo fotografico; nonostante l'odierna ipermediazione del documento visivo, è ancora possibile produrre icone fotografiche che sopravvivranno negli anni a venire? La risposta è affermativa.

16.
Un'immagine simbolo del recente terremoto in Emilia Romagna. Finale Emilia, la Torre dei Modenesi dopo la scossa del 20 maggio 2012 (foto di Emiliano Rinaldi).

Nei giorni seguenti le scosse di maggio 2012 i media hanno esibito con morbosa insistenza una serie di edifici simbolo, dal municipio di Sant'Agostino alla Torre di Novi fino al duomo di Mirandola. Tuttavia solo uno è assurto a vera e propria icona rappresentativa dell'intero cratere sismico, immediatamente riconoscibile da chiunque: la Torre dei Modenesi di Finale Emilia con l'orologio spezzato a metà, immagine di un tale impatto che, pur se realizzata da centinaia di persone con lievissime variazioni nelle inquadrature, si è infissa nella memoria collettiva come si trattasse di una sola fotografia andando a costituire un unico modello visivo, vera e propria icona collettiva assurta a simbolo di una comunità ferita ma non piegata.

Accanto alla divulgazione di modelli visivi di massa legati alla sempre maggiore diffusione del mezzo fotografico, convive il rischio concreto che questi finiscano col trasformarsi in stereotipi. Esempio fotografico clamoroso è la riproposizione ossessiva, portata avanti sia da fotoamatori sia da affermati professionisti dell'immagine, della celebre locandina cinematografica di *Blow Up* di Michelangelo Antonioni (1966), con l'infinita moltiplicazione dell'amplesso fotografico tra Thomas e la dea della moda Veruschka. Ma gli stereotipi sono in agguato anche nelle rappresentazioni degli spazi urbani, dove modalità di ripresa di determinati monumenti una volta codificati divengono irremovibili, come può essere la tipica foto ricordo di un viaggio a Pisa in cui, giocando con prospettive e profondità di campo, si ottiene l'immagine del turista che sorregge la celebre torre pendente.

Fino alla scossa del 20 maggio 2012 era ben radicato, a Ferrara, il punto di ripresa che restituisce l'illusione ottica della statua di Girolamo Savonarola nell'atto di reggere, tra le braccia tese, l'orologio della Torre Marchesana del castello di San Michele. Successivamente, in seguito al crollo parziale della sommità della Torre del Leoni, si è verificato un piccolo spostamento del punto di ripresa, con una produzione massiccia di immagini del predicatore nell'atto di sostenere la lanterna lesionata del castello estense, fotografia utilizzata ampiamente anche in situazioni istituzionali, come nella locandina della mostra fotografica *E fu sera e fu mattina...* allestita nel primo anniversario del sisma, tipico tentativo di sfoggiare originalità nella cura degli apparati grafici che si risolve nella banalità.

17. Ferrara, monumento a Girolamo Savonarola: rielaborazione di un consolidato modello visivo di massa (foto di D.A.).

## 4. APPUNTI FOTOGRAFICI SUL TERREMOTO EMILIANO

Quello umbro-marchigiano del 1997 può essere considerato il primo sisma mediatico, a tutti noto per il filmato della morte in diretta nel crollo di due volte della Basilica Superiore di San Francesco ad Assisi, che portò all'affermazione di un modello negativo nel raccontare le successive catastrofi definibile senza mezzi termini pornografia del dolore.

Dalla morbosità ossessiva nell'esibire la tragedia delle piccole vittime della scuola di San Giuliano nel 2002 all'indecente spettacolarizzazione del G8 del 2009, che trasformò le macerie de L'Aquila in un enorme palcoscenico, è andata smarrendosi sempre più la capacità di raccontare con compostezza le tragedie.[8]

Tuttavia il voyeurismo macabro, seppur accentuato dalla sfrenata corsa dei media alla telegenizzazione della sofferenza, non è certo un fenomeno attuale, accompagna da sempre l'umanità. Il 18 aprile 1906 un incendio sviluppatosi in seguito a un violento terremoto rase al suolo

---

8   Paul Hansen venne premiato nel 2011 in Svezia come autore della foto dell'anno. Il suo scatto mostrava una bambina morta, uccisa per errore dalla polizia dopo il terremoto che colpì Haiti l'anno precedente, che abbracciava alcuni beni personali recuperati tra le macerie, il tutto con un'agghiacciante cura della composizione che finiva con l'annullare il messaggio giornalistico. Ma c'è altro dietro questo scatto. Nathan Weber riprese la stessa situazione ma da una diversa angolazione, immortalando sette fotografi che si accalcavano sul corpo, fotografandolo da pochi centimetri di distanza, un plotone d'esecuzione con obiettivi al posto dei fucili: ecco allora che all'orrore per lo sciacallaggio mediatico si sovrappone lo sdegno per la scelta di premiare una foto che non possiede più alcuna rilevanza giornalistica e dove il premio economico finisce col divenire un incentivo a calpestare l'etica della corretta informazione. Altra considerazione: un sospetto che si forma nella testa di chiunque possegga un minimo di dimestichezza con l'immagine ottica e coi meccanismi della comunicazione visiva, considerando l'incredibile pulizia dell'ambientazione, la posa assunta dal corpo della ragazzina e la precisione nella disposizione degli oggetti personali, è che la scena sia stata preventivamente aggiustata. D'altronde non si tratterebbe di nulla di nuovo: già nel 1863, dopo lo scontro di Gettysburg, Alexander Gardner (1821 - 1882) trasportò il cadavere di un giovane quanto fotogenico soldato in lungo e in largo sul campo di battaglia, fotografandolo in diverse pose fino a ottenere l'icona *L'ultimo riposo del cecchino ribelle*, certamente efficace dal punto di vista comunicativo quanto falsa. Nel 1968, invece, in Vietnam, dopo la battaglia di Hue, Don McCullin sparpagliò ad arte degli effetti personali attorno al cadavere di un soldato. A differenza di Gardner McCullin non nascose però mai la manipolazione della scena. Questi esempi dovrebbero far riflettere sul falso mito, tuttora imperante, del potere educativo della cosiddetta fotografia *concerned*.

San Francisco. Arnold Genthe (1869 - 1942) scattò diverse foto, e una cattura immediatamente l'attenzione: mentre le fiamme divorano la città, un gruppo di cittadini contempla il disastro comodamente seduto su sedie recuperate dagli edifici sventrati dal sisma, come assistessero a uno spettacolo teatrale.

Gli eventi sismici della pianura padana del 2012, complici la capillare diffusione del mezzo fotografico digitale, l'elevata densità demografica e la grande estensione territoriale del cratere sismico, hanno visto accentuarsi ulteriormente certi comportamenti negativi, con una smisurata produzione di documentazione visiva che spazia da quella a taglio prettamente giornalistico fino all'insano voyeurismo del turismo legato al fatto di cronaca, col risultato finale di un appiattimento nella qualità dell'immagine figlia di un generale analfabetismo visivo, legato sia a limiti tecnici che culturali.

Se spesso una singola foto presa al volo da un non professionista può possedere freschezza e immediatezza comunicativa, alla lunga emergeranno però tutti i deficit compositivi, che condurranno inesorabilmente

18. San Francisco, 1906, terremoto: alcuni cittadini osservano l'incendio sviluppatosi successivamente al sisma (foto di Arnold Genthe).

alla banalizzazione dell'intera serie di immagini se non si attua una selezione, discorso già affrontato in precedenza.

In tal senso vale la pena segnalare *Progetto Tremore*, iniziativa in cui si invitava a inviare fotografie non solo di monumenti famosi ma anche della quotidianità, degli ambienti lavorativi danneggiati, dell'intimità violata dei propri spazi domestici lesionati dal sisma. E se la galleria di immagini era visibile online nella sua interezza, con tutti i limiti già esposti legati alla produzione di massa di immagini, un'adeguata selezione ha portato alla pubblicazione degli scatti più significativi nel volume *C'è un tremore. Frammenti di quotidianità al tempo del terremoto* di Licia Vignotto e Giuseppe Malaspina.

Numerose anche le iniziative di affermati fotografi di riconosciuta fama, come Oliviero Toscani e la sua campagna di ritratti a San Felice sul

19. Sandra Calzolari ha scelto di immortalare esclusivamente la socialità e gli aspetti ludici tra bambini, di diverse nazionalità, nella convivenza forzata nella palestra di Camposanto, edificio destinato a centro d'accoglienza per gli sfollati del paese.

20-21.

Sara Cestari ha raccontato il terremoto a Mirandola concentrandosi sui cartelli e i messaggi lasciati dai cittadini sulle recinzioni che delimitavano la zona rossa, un ritorno a una forma di comunicazione a torto ritenuta arcaica in questa epoca di digitale diffuso, che torna prepotentemente alla ribalta in un momento di temporaneo collasso della tecnologia a seguito di un grande disastro naturale.

Panaro nel maggio del 2013, o *To Belong*, reportage dello svedese Anders Petersen caratterizzato da un sontuoso bianco e nero che spesso gioca sulla scorciatoia della foto ad alto tasso emotivo costruita a tavolino, sfruttando consolidate regole della comunicazione attraverso i linguaggi visivi. Non è certo semplice orientarsi solcando l'infinito *mare magnum* delle immagini realizzate a partire dal 20 maggio 2012, ma dopo lo smarrimento e la vertigine iniziali è possibile isolare produzioni visive che risaltano per approcci narrativi inusuali o per una spiccata sensibilità d'animo dell'autore.

22. *Earthquake* è uno dei tre manifesti realizzati dalla Croce Rossa libanese, campagna pubblicitaria del 2012. Gli altri due sono *Flood* e *Volcano*.

# 5. APPUNTI DI ICONOGRAFIA SISMICA

Scrivere di come sia mutata l'iconografia sismica attraverso i secoli è compito improbo. Incisioni, xilografie, affreschi, ex voto, fotografie, immagini per lanterne magiche, cartoline postali, manifesti pubblicitari:[9] è pressoché illimitato il corpus visivo a cui abbiamo accesso.

Altro fattore che va a rendere ancor più eterogeneo il repertorio iconico è l'influenza di elementi esterni alla pura e semplice descrizione oggettiva degli effetti, quali superstizioni, mitologie, fanatismi, limiti culturali, sovrastrutture religiose.

Si spazia così da rappresentazioni connotate da elementi soprannaturali, quali possono essere le deliziose stampe giapponesi con protagonista Namazu, il pescegatto gigante responsabile dei terremoti, al minimalismo delle stilizzazioni di Mario Nigro dei primi anni '80 del XX secolo.

Le cose poi si complicherebbero ulteriormente se dovessimo considerare anche le opere che possiedono semplice attinenza visiva al fenomeno sismico, dalle sfere solcate da profonde spaccature di Arnaldo Pomodoro alla meravigliosa xilografia di Katsushita Hokusai (1760 - 1849) *La grande onda di Kanagawa*, così simile a uno tsunami, fino ai lavori di artisti meno noti come il ferrarese Michele Barbieri e il suo *Concetto Spaziale* (2012).

Si può però tentare di tracciare una sorta di percorso, che permetta di districarsi in questo calderone di immagini, fornendo alcuni riferimenti che aiutino a mettere ordine nell'argomento.

Sono giunte a noi diverse epigrafi e iscrizioni su lastre lapidee, testimonianze scritte di sismi avvenuti nel mondo ellenico e romano che si

---

[9] Limitandoci alla produzione dell'ultimo decennio, accanto alle campagne di sensibilizzazione convivono immagini commerciali, a volte divertenti (è il caso di QuakeHold, che si occupa di prevenzione antisismica, nei cui manifesti la mutilazione delle braccia della Venere di Milo è abbinata allo slogan «*Should have used QuakeHold!*», cioè «Avrebbe dovuto utilizzare QuakeHold!»), ma molto più spesso di assoluto cattivo gusto. Qualche esempio: nel 2006 la foto di una parete solcata da una profonda lesione accompagnò il lancio sul mercato di un videoproiettore della Epson che «avrebbe portato più entusiasmo sui muri» («*Bring more excitement to the walls*»), nel 2008 fu invece il turno della linea di profumi Lynx, infine nel 2012 un'impresa edile utilizzò i volti dei ragazzi deceduti tre anni prima nel crollo della Casa dello Studente a L'Aquila per pubblicizzare le proprie costruzioni antisismiche.

23-24. Parallelismi visivi tra *La grande onda di Kanagawa*, celebre xilografia di Katsushita Hokusai (1760 - 1849), e la segnaletica per l'allerta *tsunami*.

affiancano a testi di autori latini come Plinio, che descrisse il terremoto di Modena del 91 avanti Cristo, e Seneca, quello di Pompei del 62. Proprio a questo è legato un *unicum* archeologico, due decorazioni marmoree del *lararium*[10] della casa di Caecilius Jucundus, di cui una rubata nel 1977. Quella sottratta mostrava una delle porte cittadine inclinata durante la scossa, scena che l'anonimo autore ha reso più drammatica grazie all'accorto inserimento di due muli che fuggono spaventati, l'altra decorazione marmorea raffigura invece la distruzione del tempio di Giove e del vicino arco di trionfo. Un gustoso tocco *naïf* vivacizza questa decorazione: i cavalieri delle due statue equestri ai lati del tempio abbandonano la rigidità scultorea, sollevando una gamba per bilanciare l'inclinazione dei basamenti, mentre uno dei cavalli piega le zampe per ritrovare l'equilibrio. Tuttavia, già nel VI secolo è perduta ogni traccia di realismo, tanto che il compilatore degli *Annales Ravennates* illustra i due terremoti che colpirono Ravenna nel 429 e nel 443 come un drago che minaccia un uomo spaventato.

Nel corso del Medioevo sarà dominante l'assunto che vede nei terremoti un segno della collera divina, codificato nel IV secolo da Filastrio da Brescia nel *Liber de Haeresibus*, pertanto le rappresentazioni dei sismi appaiono connotate da caratteri esclusivamente religiosi, traendo ispirazione prevalente dai passi biblici inerenti la Passione di Cristo[11] o l'Apocalisse.[12] Quello che appare evidente nella produzione iconica è la quasi totale assenza di realismo, si tratta per la gran parte di materiale realizzato da chi non ha esperienza diretta del fenomeno e delle sue conseguenze, che va quindi a sondare la natura emotiva del fenomeno, senza alcuna premura di rispettare le proporzioni tra gli esseri umani e gli edifici, con case e torri che si spezzano in modo improbabile, rovinando al suolo come fossero di cartapesta. La consapevolezza che i terremoti sono fenomeni naturali inizierà a farsi strada solo a partire dal tardo

---

[10] Stanza con funzioni religiose per il culto di Lari, Mani e Penati.

[11] «Ed ecco il velo del tempio si squarciò in due da cima a fondo, la terra si scosse, le rocce si spaccarono» (Matteo 27, 51).

[12] «Ne seguirono folgori, clamori e tuoni, accompagnati da un grande terremoto, di cui non vi era mai stato l'eguale da quando gli uomini vivono sopra la terra» (Apocalisse 15, 18).

Medioevo: pur sempre provocati dalla volontà divina, non verranno più visti come un castigo ma come un segno.[13]

Uno dei temi ricorrenti nell'arte figurativa è la distruzione di Babilonia dopo l'apertura del sesto sigillo, che si ritrova dai codici medievali ai pregevoli arazzi francesi di Angers del XIV secolo, con le immancabili piogge mefitiche dal cielo, le fiamme, le persone che si contorcono invocando salvezza tra macerie che spesso altro non sono che veri e propri accumuli di edifici variamenti inclinati e sovrapposti, come fossero giocattoli: visioni di città fantastiche che, nel corso dei secoli, saranno sempre caratterizzate da stilemi architettonici legati ai luoghi e all'epoca che le hanno create.

Iconografia simile la si ritrova anche nella distruzione di Sodoma e Gomorra, passo biblico che un anonimo pittore fiammingo del XVII restituirà spettacolarmente in *Lot e le figlie*, tela oggi esposta al Louvre: la città è spazzata da un'infernale pioggia di fuoco, le navi del porto affondano e ovunque regnano il panico e il caos, mentre il cielo è solcato dal passaggio di una cometa, corpo celeste ritenuto per secoli fattore scatenante di terremoti.

Fuori dal contesto biblico sono invece assai rare le riproduzioni di reali terremoti fino a tutto il XIV secolo. Due affreschi si segnalano per l'assenza di elementi divini sulla scena: a Firenze *Scena di un terremoto* (1345) di Andrea Orcagna, nel castello boemo di Karlstein *Terremoto dell'Apocalisse* (1361-62) in cui Mikuláš Wurmster di Strasburgo dipinse

---

[13] Purtroppo la tesi che i terremoti siano castighi divini verrà periodicamente rilanciata: lo fece il pontefice Pio IX con l'enciclica *Cum nuper*, datata 20 gennaio 1858, e in tempi recenti Roberto de Mattei, all'epoca vicepresidente del Consiglio nazionale delle ricerche (Cnr), allorché nel marzo 2011 commentò gli effetti del catastrofico sisma giapponese citando un opinabile testo di monsignor Mazzella sul terremoto di Messina del 1908, affermazione che suscitò notevoli polemiche e di cui trattò a lungo la stampa nazionale. Alcuni articoli per approfondire: C.Z., «Il terremoto un castigo di Dio. Bufera sul Cnr», *La Repubblica*, 26 marzo 2011; Antonio Carioti, «L'eretico del Cnr: "I terremoti? Un castigo divino". Nuove polemiche sullo storico de Mattei. "Riaffermo solo la tradizionale dottrina cattolica"», *Corriere della Sera*, 27 marzo 2011; Francesco Peloso, «Bufera su De Mattei, scienziato che "vede" le folgori divine», *Il secolo XIX*, 29 marzo 2011; Marco Pasqua, «"Messina punita per ateismo Varsavia per gli aborti". De Mattei, numero due del Cnr, insiste sulla tesi della vendetta. "Il sisma del 1908 fu una punizione divina". Ma stavolta arriva anche una risposta del Vaticano», *La Repubblica*, 22 aprile 2011.

25-26. Cataclismi come accumuli di edifici inclinati: la distruzione di Sodoma e
Gomorra in un'incisione di Hartmann Schedel (1440-1514) in *Cronache
di Norimberga* e un terremoto in un'incisione di Sebastian Münster
(1488 - 1552).

il crollo del castello di Arnoldstein per effetto del sisma del 25 gennaio 1348.

Il repertorio visivo si amplia analizzando rappresentazioni di crolli non necessariamente legati a eventi sismici; nel 1313 Giotto dipinge *La morte del fanciullo di Suessa*, episodio della vita di San Francesco, mentre sia Spinello Aretino (tra il 1387 e il 1388) sia Lorenzo Monaco (tra il 1410 e il 1415) si confrontano con le storie di San Benedetto, affrescando entrambi l'episodio miracoloso della resurrezione di un monaco spirato nel crollo di un muro. Rappresentazioni che appaiono un poco ingenue, specie nell'Aretino dove il cadavere sembrerebbe ricoperto da fogli di carta più che da pietre. Infine nel 1367 Bartolo di Fredi dipinge, nella collegiata di San Gimignano, l'affresco di ispirazione biblica *Terremoto della casa di Giobbe*, in stile giottesco. In realtà nel libro di Giobbe non si fa alcun riferimento a fenomeni sismici, probabilmente l'autore doveva averne avuto esperienza diretta nel corso della propria vita per associare il crollo dell'edificio, causato dal vento del deserto, a una scossa tellurica.[14] In tutti e quattro i casi le proporzioni degli elementi inseriti nella scena non sono rispettate e mancano punti di riferimento che consentano la localizzazione dei luoghi, in sostanza si tratta di scenografie in cui disporre i personaggi.

Assenza di realismo che si riscontrerà ancora per lunghi anni a venire. Nelle incisioni di Sebastian Münster (1488 - 1552) che illustrano la *Cosmographia* le città terremotate appaiono inclinate o, come nella rappresentazione del sisma di Basilea del 1356, caratterizzate da torri che si spezzano in modo improbabile; la distruzione della città elvetica sarà successivamente illustrata con vigorosa drammaticità, inserendosi appieno nella moda del revival neomedievale ottocentesco, dal pittore Karl Jauslin (1842 - 1904).

In una xilografia tedesca del XVI secolo Ferrara, capitale del ducato estense distrutta dal terremoto del 1570, si distende in un fantasioso paesaggio collinare. La medesima illustrazione era stata già utilizzata per illustrare il terremoto in Dalmazia del 1564 e sarà riciclata qualche anno

---

14 «Ed ecco che un gran vento, venuto dall'altra parte del deserto, ha investito i quattro canti della casa, ch'è caduta sui giovani; ed essi sono morti; e io solo sono potuto scampare per venire a dirtelo» (Giobbe 1, 19).

27. Il terremoto di Basilea del 1356, incisione di Sebastian Münster.

dopo, con un opportuno cambio di didascalia, per descrivere l'alluvione
di Voigtland del 1573 e il sisma in Turchia del 1598. Si era d'altronde
in un periodo storico in cui la circolazione delle immagini era ancora
estremamente ridotta, e di conseguenza basse le esigenze documentarie.

Sarà in seguito ai primi approcci scientifici, slegati da sovrastrutture
religiose, politiche e superstiziose, che inizierà una produzione di immagini realistiche; effetto del terremoto di Ferrara, che enorme impressione
suscitò a livello europeo avendo colpito una delle più raffinate corti
ducali rinascimentali, fu la produzione di numerosi trattati sul tema pro-
mossa dal duca Alfonso II d'Este, alla ricerca di una spiegazione naturale
al fenomeno. Tra questi emerge il *Trattato de' diversi terremoti* dell'architetto e antiquario Pirro Logorio (1513 - 1583), che come una sorta di precursore della sismologia storica elencò diversi terremoti passati, registrò
le scosse giornaliere di quel lungo sciame sismico, analizzò le tecniche
costruttive del ducato estense identificandone le criticità edilizie e pre-
sentando infine il primo progetto in assoluto per una casa antisismica.

28. Il terremoto di Ferrara in un'incisione tedesca del XVI secolo. Questa stessa incisione sarà utilizzata, cambiando la didascalia, per illustrare diversi altri sismi coevi

29. La chiesa di San Domenico a Polla (Salerno) dopo il terremoto del 1857 (foto di Alphonse Bernoud).

Approccio scientifico che utilizzò anche l'ingegnere Antonio Ferri nel 1688, inviato da Cosimo III de' Medici per valutare i danni subiti dalle fortezze romagnole appartenenti al Granducato di Toscana, la cui relazione venne corredata da numerosi e precisi disegni sulle lesioni subite sia dall'edilizia militare quanto da quella privata.

Altre tappe fondamentali sono la pubblicazione nel 1784 de *Istoria dè fenomeni del tremoto avvenuto nelle Calabrie*, atlante illustrato da ben 69 tavole che andavano a costituire una ricognizione scientifica dei danni provocati dallo sciame sismico che, l'anno precedente, aveva interessato Calabria e Sicilia, e la spedizione di Robert Mallet, padre della moderna sismografia, nella Basilicata devastata dal terremoto del dicembre del 1857, a cui prese parte il fotografo francese Alphonse Bernoud (1820 - 1889), autore nell'occasione di un fondamentale reportage di grande quanto ancora attuale valore assoluto.

Grazie a Mallet per la prima volta a essere indagate scientificamente non erano tanto le conseguenze quanto le cause, con lo studio del fenomeno nella sua interezza, intervistando i supersiti e analizzando i fenomeni precursori quali frane, variazioni nel livello delle acque nei pozzi, fenomeni luminosi e sonori, introducendo inoltre la novità del calcolo dei parametri per la localizzazione dell'epicentro.

30. Grumento Nova (Potenza): le rovine del castello Ciliberti a Saponara dopo il terremoto del 1857 (foto di Alphonse Bernoud).

L'ex insegnante di ginnastica Bernoud, fotografo della corte borbonica e successivamente del re d'Italia Emanuele II di Savoia, prima dell'incontro con Mallet aveva già effettuato due ricognizioni dei luoghi colpiti: le fotografie illustrarono in trasposizione grafica, essendo ancora impossibile pubblicare foto, articoli sui numeri del 9 e 31 gennaio 1858 del celebre settimanale parigino *L'Illustration*, e una quarta serie di immagini la realizzò nel maggio dello stesso anno, per un totale di circa 300 foto. Un numero impressionante tenendo conto delle difficoltà legate agli spostamenti e alla complessità tecnica nell'uso del mezzo fotografico.

Fin dai suoi albori quindi la fotografia fu un valido mezzo per la raccolta di documentazione scientifica. Rimanendo in ambito sismico, nel 1859 lo scozzese Robert MacPherson immortalò i danni subiti da Norcia, nel 1883 Raffaele Ferretti e Achille Mauri documentarono il terremoto di Casamicciola, dalla sconfinata produzione iconica legata al sisma di

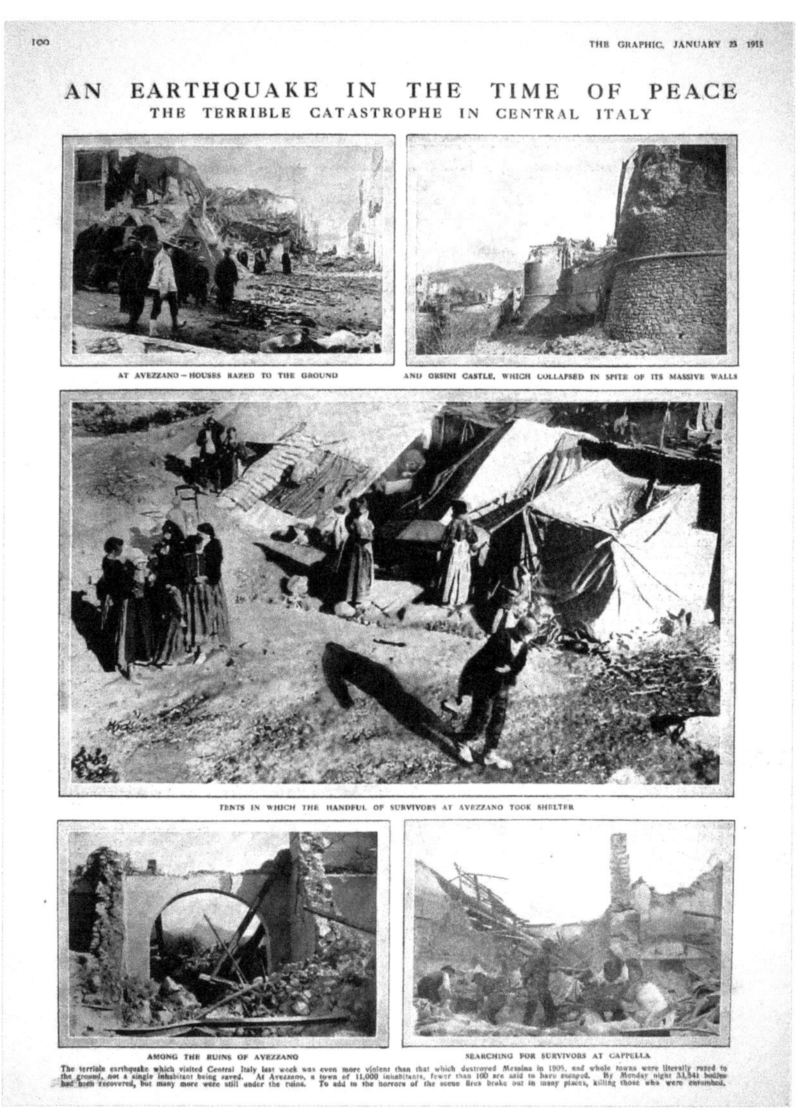

31. Il terremoto in Marsica del 1915 in una pagina della rivista illustrata inglese *The Graphic*.

Reggio Calabria e Messina emerge il lavoro di Luca Comerio. Quando nel 1915 il catastrofico terremoto in Marsica provocò oltre trentamila vittime, si verificò una diminuzione nel numero di immagini realizzate: la Prima Guerra Mondiale, con le sue quotidiane carneficine, insanguinava l'Europa da un anno e l'Abruzzo passò in secondo piano agli occhi dell'opinione pubblica europea.

In campo prettamente artistico, la gran parte della produzione iconica realizzata tra il XVIII e XIX secolo risente di una certa impostazione romantica, viene privilegiato il tema delle rovine inserite armoniosamente nel paesaggio naturale, con esseri umani che sono nulla più che elementi atti a dare un senso delle proporzioni. Alle rovine del passato, vestigia della civiltà classica, si sostituiscono moderne visioni urbane, tanto che agli occhi di un osservatore distratto risulterebbero del tutto sovrapponibili le tavole di Pompeo Schiantarelli e Ignazio Stile che corredano la *Istoria dè fenomeni del tremoto avvenuto nelle Calabrie* o i dipinti del terremoto venezuelano di Cristòbal Rojas (1857 - 1890) alle vedute di Hubert Robert o di Bernardo Bellotto, eredità stilistica legata all'immaginario di viaggio del Grand Tour e che successivamente influenzò i pionieri del mezzo fotografico.

32.  Gli effetti del terremoto del 1835 a Concepción, disegno di J. C. Wickham, tenente in prima della nave Beagle.

33. San Francisco dopo il terremoto del 1906 in una cartolina d'epoca.

Questo gusto romantico nella rappresentazione delle rovine si trasferì nella nascente fotografia, come si vede ad esempio nel lavoro di Stefano Lecchi: nell'estate del 1849 visitò i luoghi legati alla caduta della Repubblica Romana fotografando, come un moderno turista, i segni dell'assedio francese alla città eterna, immortalando chiese distrutte, mura sbrecciate, edifici crollati sotto i colpi dell'artiglieria. In quello che può essere considerato il primo reportage fotografico della storia Roma appariva, pur nella devastazione bellica subìta, come un luogo dalle atmosfere vagamente arcadiche; è a causa dei limiti tecnici che imponevano lunghi tempi di posa che le città, fossero devastate da eventi bellici o da sismi, ci appaiono nel repertorio fotografico ottocentesco totalmente deserte o popolate da persone assurdamente in posa tra le macerie, fotografie ben diverse, ad esempio, da quelle crude e dolorose dal Belice e dall'Irpinia di Mario De Biasi (1923 - 1983).

Per diversi anni ancora quindi, nel raccontare i grandi disastri naturali, sarà il dinamismo dell'illustrazione ad avere la meglio sulla staticità fotografica, per la sua straordinaria capacità di evocazione in grado di coinvolgere emotivamente i lettori. Insuperabili da questo punto di vista le celebri copertine a colori realizzate da Achille Beltrame (1871 - 1945) prima e successivamente da Walter Molino (1915 - 1997) per *La domenica del Corriere*, autori di vere e proprie visioni apocalittiche quando illustrarono i terremoti di San Francisco del 1906, del Perù del 1946 o dell'Irpinia del 1962.

34.
Il terremoto in Perù del 1946, illustrazione di Walter Molino per *La Domenica del Corriere*.

## 6. TERRAE MOTUS:
## L'ARTE CONTEMPORANEA E I FENOMENI SISMICI

Nemmeno l'arte contemporanea si è sottratta all'indagine degli sconvolgimenti sismici, sono innumerevoli gli artisti a essersi confrontati con questo tema, con approcci più o meno concettuali.

Successivamente al terremoto dell'Irpinia il gallerista napoletano Lucio Amelio (1931 - 1994) coinvolse diversi artisti contemporanei internazionali, realizzando la collezione *Terrae Motus* attualmente in esposizione permanente presso la reggia di Caserta: *Terremoto in palazzo* è l'installazione di Joseph Beyus (1921 - 1986) dove oggetti di uso quotidiano, raccolti dall'artista sui luoghi colpiti dal sisma, sono disposti casualmente in una stanza, *Earthquake* di Donald Baechler è un'opera dal tratto quasi infantile nella stilizzazione dell'edificio spaccato dal sisma, mentre Andy Warhol (1928 - 1987) con *Fate presto* e Robert Rauschenberg (1925 - 2008) con *West Go Ho* dimostrano una volta di più che l'arte contemporanea "si fa con tutto"[15].

Ampia anche la produzione artistica legata al recente sisma abruzzese. Il poliedrico Sergio Tidei utilizza canoni espressivi vicini alla pop-art nel dipinto *L'Aquila 2009*, in cui ipnotici vortici di colore vanno a sconvolgere l'assetto urbano cittadino, mentre la *Madonna del terremoto* di Giovanna Granno ricalca l'iconografia tradizionale della Vergine benevolente sulla città da proteggere, ma con una significativa variante: nemmeno l'intercessione divina ha potuto evitare il disastro e non resta altro da fare se non abbracciare le macerie provocate dalla stupidità umana che sta conducendo alla morte una delle più belle città d'Italia, strangolata da lentezze burocratiche e spersonalizzanti *new town*. Madonna che non ha potuto assolvere al proprio compito, aggirandosi spaesata tra le rovine dell'Irpinia, si trova anche nella tela precedente

---

[15]  Il virgolettato allude e riprende il titolo del volume dedicato all'analisi dei linguaggi dell'arte contemporanea scritto dalla critica d'arte Angela Vettese (*Si fa con tutto. Il linguaggio dell'arte contemporanea*, Laterza, Bari, 2010). Nell'arte contemporanea spesso è sufficiente la semplice decontestualizzazione di un banale oggetto di uso quotidiano per renderlo artisticamente valido: *Fate presto* di Andy Warhol è la rielaborazione della prima pagina del 26 novembre 1980 del quotidiano *Il mattino*.

di Luigi Rainone custodita nella chiesa dell'Immacolata Concezione di Calitri, nell'avellinese.

Nel 2012 Stefano Scheda, *performer* e fotografo concettuale, prese le mosse dal sisma emiliano per realizzare due opere: l'inserimento di rami gemmati in una crepa apertasi in una parete della galleria MLB di Ferrara, intervento che sottolinea la funzione dell'arte come uno dei motori per la ricostruzione, ha portato alla creazione di *Fuori dentro naturamotion 1*, mentre *Intra* è un'opera realizzata con finalità benefiche verso la popolazione terremotata di San Carlo, piccolo centro ferrarese duramente colpito dal sisma di maggio 2012.

35. La prima pagina de *Il mattino* del 26 novembre 1980, che Andy Warhol rielaborò realizzando *Fate presto*, opera inclusa nella collezione *Terrae Motus*.

36. Il *Cretto* di Alberto Burri realizzato sul sito della vecchia Gibellina, particolare (foto di Sandro Fabbri).

Non deve essere infine trascurata un'ulteriore forma di rappresentazione dell'evento sismico, ovvero la manipolazione commemorativa del paesaggio e del tessuto urbano. Esempio notevole è la ricostruzione su un nuovo sito di Gibellina in seguito al terremoto del Belice del 1968, avviando un laboratorio di sperimentazione urbanistica che vide il coinvolgimento di artisti di fama, ma che sostanzialmente si risolse in un fallimento. Il nuovo paese appare caratterizzato da pesanti simbolismi retorici e da una generale inadeguatezza estetica e funzionale, come fosse stata assente in fase di progettazione la corretta attenzione al rapporto tra l'uomo e la vivibilità dello spazio urbano.

Tra le numerose opere, interessante operazione di conservazione della memoria dell'evento è il *Cretto* di Alberto Burri (1915 - 1995), compattamento e cementificazione in blocchi delle rovine del vecchio paese, che con la sua ragnatela di fenditure percorribili ne ricalca lo scomparso tessuto urbano.

Appare invece stonato il gigantismo della *Stella del Belice* di Pietro Consagra (1920 - 2005), portale in acciaio alto ben 24 metri.

Analoghe opere, minimali nella forma ma di grande impatto per l'estraneità solo apparente col contesto in cui sono inserite, sono invece quelle realizzate da Mauro Staccioli in provincia di Volterra. Se in *Attraversando la storia* (2009) il grande arco, che va ad evidenziare il tratto murario medievale conservatosi della chiesa di San Lorenzo a Mazzolla, restituisce immediata assonanza visiva con un puntello che regge l'antico edificio, con *Corbano* (2009) l'opera diventa a tutti gli effetti un sostegno per contrastare il possibile crollo del rudere della chiesa di Santa Lucia. Ma Staccioli nel 1981 aveva già lavorato direttamente sul tema sismico, scavando provocatoriamente il pavimento della galleria Mercato del Sale di Milano, ponendo i visitatori di fronte agli effetti di una scossa tellurica lasciando loro il libero arbitrio se attraversare o meno lo squarcio.

## 7. TERREMOTI DA INDOSSARE

Se spesso la moda è stata anticipatrice di tendenze e istanze sociali, non di rado è accaduto che gli stilisti si siano limitati semplicemente a cavalcare l'onda di eventi che hanno colpito l'immaginario collettivo, movimenti tellurici inclusi. Dalla frammentazione creativa e di fruizione che caratterizza il terzo millennio non emerge un singolo *fashion designer* che si segnali per una produzione organica in questo ambito, ma vale comunque la pena spendere qualche parola sul rapporto tra il mondo delle passerelle e i terremoti.

Nel 2009 Guillermo Mariotto, direttore creativo di Gattinoni, realizzò un abito dedicato alle popolazioni abruzzesi.

Nel 2011, sulla spinta emotiva dello tsunami che investì il Giappone provocando il disastro nucleare di Fukushima, Hiroko Itoh creò per il

37.
Particolare della grafica della tshirt benefica realizzata dall'associazione di volontari Campo Angelina di Novi di Modena (foto di Sandro Fabbri).

marchio Hisui un abito decorato da una grande cartina della nazione, localizzandovi le centrali nucleari costiere come epicentri di possibili terremoti per evidenziarne i rischi, esempio di come sia possibile fare denuncia sociale in modo intelligente e non banale.

Nello stesso anno, il 22 febbraio 2011, un sisma di magnitudo 6,3 metteva in ginocchio Christchurch, la seconda città della Nuova Zelanda; per raccogliere fondi da destinare alla ricostruzione nel 2013, a due anni da quel sanguinoso evento, un gruppo di stilisti locali ha lanciato *Restart*, concorso per la creazione di una linea di abiti che tragga ispirazione da quanto accaduto.

Originale, seppur di difficoltoso utilizzo pratico, è la minigonna *Earthquake Skirt* (2011) dell'artista canadese Erin Lewis, realizzata assemblando materiale recuperato tra le macerie di vari terremoti nel mondo.

Guardando invece all'abbigliamento di massa prodotto in serie, pare non esista un sisma che abbia colpito il mondo occidentale negli ultimi 10 anni a cui non sia stata dedicata almeno una t-shirt. Che le magliette siano realizzate con finalità benefiche o per esplicite ragioni commerciali, è sufficiente fare una veloce ricerca su internet per rendersi immediatamente conto dell'omologazione generalizzata nelle illustrazioni, classificabili principalmente in tre gruppi: l'apoteosi di cuori, i cerchi concentrici che vanno a identificare l'epicentro sulla stilizzata nazione colpita oppure la scritta "sopravvissuto" e di seguito il nome della località, la relativa data e, raramente, l'edificio simbolo.

# 8. SALUTI SISMICI:
# IL TERREMOTO NELLE CARTOLINE

Il primo ottobre 1869, data in cui venne spedita la prima cartolina postale, segna l'inizio della comunicazione globale. Nata inizialmente come lettera-telegramma priva di elementi grafici, l'incontro tra i processi tipografici e la tecnica fotografica ne decretò la fortuna sul finire del XIX secolo, generando un vero e proprio fenomeno di collezionismo di massa trasversale a ogni classe sociale, travalicando l'originaria funzione di comunicazione immediata e permettendo una capillare diffusione dell'immagine. Cartoline pubblicitarie, erotiche, reggimentali, paesaggistiche: l'unico limite al soggetto da riprodurre era legato alla fantasia di chi le realizzava.

38.
Fotografi al lavoro a seguito del terremoto di Messina del 1908.

In questo contesto appare ovvio che i disastri naturali venissero immortalati sulle cartoline postali, andando così a restituire visivamente l'ampiezza delle distruzioni e sensibilizzando la società, contribuendo contemporaneamente a mettere in moto meccanismi di solidarietà.

A dir poco incredibile è la quantità e varietà di cartoline relative al terremoto di Reggio Calabria e Messina del 1908, che mostrano le devastazioni del tessuto urbano, l'opera di soccorso prestato da reparti militari, scene di vita quotidiana dei superstiti nei campi d'accoglienza e le fasi della ricostruzione, fino a grottesche immagini di eleganti fotografi in posa con la loro attrezzatura su cumuli di macerie.

Col mutare delle esigenze comunicative e della sensibilità della società scompariranno le scene di distruzione, pur con eccezioni quali le stranianti cartoline turistiche da Gibellina che mostrano solamente cumuli di macerie dopo il terremoto del Belice, sostituite da illustrazioni create ad hoc da affermati artisti per finanziare la ricostruzione delle aree colpite, come la celebre *Aiutiamoli*, realizzata nel 1980 dal pittore e scultore Enrico Baj (1924 - 2003) successivamente al terremoto dell'Irpinia, o la recentissima *Pro Crevalcore* di Dario Gambarin, opera di *land art* del 2013 la cui riproduzione su cartolina contribuirà a sostenere le spese di ricostruzione dell'omonimo comune bolognese, colpito dal sisma del maggio del 2012.

39.
Gibellina dopo il terremoto del 1968, cartolina colorata a mano.

## 9. COMETE E TERREMOTI

Nella biblioteca nazionale di Parigi è custodita un'immagine che illustra il terremoto di Napoli del 1456: fessurazioni profonde si aprono lungo le pareti interne della chiesa di San Pietro Martire e massi precipitano dal soffitto, i fedeli si accalcano verso l'uscita in cerca di salvezza e il sacerdote, colto dal panico, fugge abbandonando l'altare. Del tutto impassibile appare Re Alfonso d'Aragona, che continua a pregare mentre il figlio Ferrante gli è accanto in piedi, entrambi sereni e per nulla spaventati, secondo scontati meccanismi di rappresentazione del potere politico. Due anni dopo il teologo Matteo Dell'Aquila (1410 - 1475) compilerà il trattato *De cometa atque terremoto*, nelle cui pagine sosterrà l'esistenza di un legame diretto tra il passaggio della cometa di Halley e il terremoto di Napoli. Da un punto di vista iconico sarà Diebold Schilling (1460 - 1515), nelle riccamente illustrate *Cronache di Lucerna*, a visualizzare graficamente il presunto rapporto di causa-effetto tra il passaggio della cometa e il terremoto del 1456, dandone una visione apocalittica con pioggia di sangue, collassi di città e nascita di bestiame a due teste.

Povera cometa di Halley, ingiustamente accusata nelle cronache dell' XI secolo di aver causato il terremoto di Brescia del 1065, nonostante il suo passaggio si fosse verificato l'anno successivo, e in seguito quello di Bologna del 1222. Per tutto il Medioevo, in effetti, l'apparire delle comete nella volta celeste fu interpretato come segno infausto, presagio di disastri naturali e sconvolgimenti politici, ed è risaputo che le superstizioni possono essere molto più forti e convincenti dei dati scientifici oggettivi.[16]

---

[16] Ecco, a titolo di esempio, cosa si scriveva anche in epoca moderna sulle comete: «Qual più grave sciagura può paventarsi all'huomo, di quella che da barbata o crinita cometa minacciata ne viene, foriera di portentosi ed infelici eventi fu sempre mai la cometa appellata dalle più dotte scuole de philosophanti più saggi, qualunque delle volte l'orrido suo volto scoperse a gl'occhi de viventi mortali. Né sia già così facile, il negar ciò, a coloro che quasi stomachati dall'astrologia nauseano tutto ciò, ch'anche iusta i dogmi, e le regole più saggie, e sicure da qualch'intendente presagito ne viene... Purtroppo infausti sono gl'annunci de quali apportatrice è la cometa. E mentre dico cometa non mi persuado già di parlare con persone così prive di senno, che non sappino ch'io parlo con Aristotile di quelle esalazioni e vapori ch'ascendendo dal globo della Terra alla terza regione dell'aere formano quell'orribile e spaventoso composto, che barbato o crinito tanto di terrore all'universo intiero n'arreca...» G. Tananeo, *Breve considerazione sopra la cometa apparsa il mese di decembre 1652*, Modena, 1653.

40. Una pubblicità realizzata nel 1910 che sfrutta a fini commerciali la psicosi legata al passaggio della cometa di Halley.

Infatti fu ancora la cometa di Halley all'origine della psicosi collettiva del 1910 e da molti messa in relazione con il terremoto dell'Irpinia di quello stesso anno e, tesi che nulla ha di scientifico, ne lega il successivo passaggio del 1986 al contemporaneo sisma di El Salvador che provocò oltre 1500 vittime. Tesi che può essere facilmente confutata ricordando come quel territorio fu devastato nuovamente nel 2001. D'altronde ogni anno si verificano migliaia di scosse più o meno intense in tutto il pianeta, e sarebbe molto semplice scegliere un qualunque evento scatenante, anche il più insensato o oscuramente superstizioso: sicuramente da qualche parte del mondo si sarà registrato un sisma nel giorno che andremo a indicare.

Aristotele (384 - 322 a.C.) nel libro IV della *Meteorologia* sosteneva che le comete fossero un fenomeno atmosferico, causato dall'incendiarsi dei gas fuoriusciti dalle spaccature del terreno in seguito ai terremoti al raggiungimento della sfera del fuoco. Le comete erano quindi da intendersi come fenomeno concomitante ai movimenti tellurici e non come causa scatenante, ma probabilmente la "volgarizzazione" della tesi aristotelica fece sì che questa errata concezione sopravvivesse a lungo.

E dopo secoli di progresso scientifico ancora oggi questa fallace credenza resiste: il 16 ottobre del 2011 la cometa Elenin "sfiorò" la Terra, e fu un fiorire di nuovi millenarismi e teorie complottistiche, con una produzione infinita di catastrofiche immagini amatoriali a invadere la rete internet sui presunti effetti dei terremoti che avrebbe provocato.

Alla luce di quanto visto finora, appare quantomeno curioso come la cometa, simbolo biblico della Natività, abbia finito con l'assumere connotati negativi. Un maestro come Giotto, nel realizzare gli affreschi nella cappella degli Scrovegni a Padova, non si fece influenzare da queste superstizioni, sostituendo alla classica stella della natività una rappresentazione della cometa di Halley, che ammirò nel 1301.

41.  Una cometa provoca il terremoto di Istabul, incisione del XVI secolo.

## 10. SANTI E TERREMOTI

La necessità di trovare conforto spirituale e protezione a seguito dei disastri naturali ha portato a forme devozionali che, spesso, hanno generato modelli di comportamento collettivi consolidatisi nel tempo, influenzando profondamente la cultura popolare, come preghiere collettive, processioni annuali, invocazione di "avvocati celesti" che intercedano per la cessazione del pericolo. Tipicamente, nel corso del Medioevo e del Rinascimento, destinataria delle invocazioni era la Vergine, solitamente rappresentata come presenza benevola nell'alto dei cieli sulla città da proteggere, scelta iconografica fatta da Francesco di Giorgio Martini nel 1467 su un registro di Biccherna[17] per ricordare il sisma di Siena dell'anno precedente, oppure la cosiddetta Madonna del terremoto, ex voto realizzato da Francesco Francia nel 1505 in cui è Bologna la città sotto tutela celeste, iconografia che in tempi più recenti ritroviamo, ad esempio, nella deliziosa tavoletta votiva in maiolica conservata nella chiesa della Madonna del Bagno di Deruta, donata nel 1943 dalla popolazione di Casalina.[18]

In alternativa le invocazioni erano dirette al patrono della località colpita, oppure al santo del giorno dell'evento, con occasionali curiose sostituzioni di protettori, come nel caso di Norcia: dopo il sisma del 4

---

17   Una delle principali magistrature finanziarie della Repubblica di Siena, con tale termine si indicava l'erario comunale e l'ufficio che ne aveva l'amministrazione. La Biccherna si rinnovava ogni sei mesi ed era uso far dipingere, al termine dell'incarico, la copertina lignea del libro del periodo con stemmi e con una scena, talvolta a tema sacro, o simbolico, o legato a un avvenimento di particolare rilievo accaduto durante il mandato.

18   Meriterebbe una più ampia trattazione l'evoluzione artistica dell'ex voto, forma di religiosità popolare trasversale a ogni ceto sociale, che sempre più andò staccandosi dall'arte coeva fino a raggiungere, nel corso del XIX secolo, una piena e indipendente cifra stilistica dai tratti naif, fatta di colori accesi, linee nette e scene ridotte all'essenziale nei suoi elementi connotati da un forte valore simbolico. Per fare qualche esempio rimanendo in ambito sismico, legati a committenze agiate e conseguentemente realizzate da pittori di professione sono le tele *Devoti invocano l'intercessione della Sacra Famiglia dopo il terremoto di Argenta*, realizzato nel 1624 da Camillo Ricci, e l'ex voto della famiglia Forni di Mirandola per lo scampato pericolo nel terremoto del 15 dicembre 1761, entrambe connotate dagli stilemi tipici dell'arte sacra del periodo che le ha prodotte. Deliziosa la tavola votiva commissionata dal cantante lirico Paolo Soglia, scampato al sisma di Foligno del 1832, conservata presso il santuario della Madonna del Monte di Cesena, in cui San Feliciano intercede presso la Vergine mentre il donatore esce di corsa dal teatro in un centro cittadino sconvolto dai crolli.

42. Il terremoto di Casalina del 1941: ex voto in maiolica conservato nella chiesa della Madonna del Bagno, località Casilina di Deruta (PG).

dicembre 1328 fu elevata a protettrice Santa Barbara, sostituita da San Leonardo dopo il terremoto del 5 novembre 1599.

È a partire dalla seconda metà del '600 che si affermano forme di culto verso santi "specializzati": forte impulso a quello di San Filippo Neri lo diede il cardinale Orsini, elevato al soglio pontificio col nome di Benedetto XIII, allorché nel 1688 venne estratto illeso dalle macerie del proprio palazzo a Benevento grazie a un'immagine sacra del suo santo protettore. Andato purtroppo distrutto nel corso dell'ultimo conflitto mondiale l'ex voto commissionato dal cardinale al pittore Giuseppe Castellano (prima del 1660 - 1725), è invece giunto a noi il dinamico dipinto di Pier Leone Ghezzi (1674 - 1755) che mostra la stessa scena.

Oltre a San Filippo Neri, il lungo elenco dei santi venerati per la specializzazione nella protezione sismica include San Francesco Borgia, San Nicola da Tolentino, Sant'Agata, San Francesco di Paola e molti altri. Certamente più diffusa la venerazione verso San Francesco Solano, invocato in virtù della sua miracolosa interruzione del terremoto di Lima nel 1609, episodio ricordato nei dipinti *San Francesco Solano battezza gli indiani* (1770) di János Lukács Kracker e *Madonna e santi* di Giuseppe Tinti (? - 1748), che fino al sisma del maggio 2012 era custodito nella chiesa di San Pietro a Cento, nel ferrarese. Altre attestazioni del suo culto si riscontrano a Piacenza, devozione testimoniata da un'incisione di Felice Comparetti (1778 - 1815) in cui il santo regge la città sulla mano, e a Mirandola, dove nella chiesa di San Francesco era conservato l'ex voto della famiglia Forni per lo scampato pericolo nel terremoto del 15 dicembre 1761.

È il 1703 l'anno che segna una profonda rivoluzione culturale nel culto dei santi protettori con l'affermazione di Sant'Emidio, patrono di Ascoli Piceno, in seguito a un interminabile quanto distruttivo sciame sismico che sconvolse il centro Italia. Ben presto si diffusero le notizie dei danni irrisori subiti dalla città marchigiana, specie se paragonati alle distruzioni di altri centri vicini, e di diversi casi di salvezze miracolose di cittadini ascolani coinvolti in crolli durante la loro permanenza in altre località colpite. La fama del santo accrebbe continuamente a ogni terremoto successivo, allargando la diffusione del culto dall'iniziale area umbro-marchigiana al resto d'Italia e all'estero: fu papa Benedetto XIV, in seguito al maremoto che spazzò via Lisbona nel 1755, a inviare ai sovrani di Spagna e Portogallo immagini del santo, avviando così il culto emidiano nella penisola iberica e nelle rispettive colonie.

Se fino al 1703 veniva rappresentato come giovane martire, modello iconografico definito nel corso del Medioevo, successivamente si possono identificare cinque varianti legate al terremoto, la più nota e diffusa quella col santo impegnato nell'atto di sorreggere un edificio che sta per crollare, e che ha un precursore nobile nell'affresco *Il sogno di Innocenzo III* di Giotto dove si vede San Francesco reggere la basilica del Laterano pericolosamente inclinata, e che ritroviamo nella pala di San Francesco del 1312 custodita al Louvre, in cui l'azione è drammatizzata dalle colonne spezzate e dall'evidente sforzo nel sorreggere l'edificio. Le altre rappresentazioni vedono Sant'Emidio che stende la mano in segno di

43.
Santino con riprodotta l'effige di Sant'Emidio che sorregge una costruzione impedendone così il crollo, prima metà del XX secolo.

protezione verso persone o edifici, che intercede presso Dio o la Vergine, che custodisce la miniatura della città che a lui si affida, e infine sospeso in cielo nell'atto di benedire il mare agitato dal maremoto, modello diffuso nella penisola iberica.

Chiaramente Sant'Emidio non cancellò completamente i culti preesistenti, in alcuni casi nacquero interessanti sovrapposizioni iconografiche in cui si mantennero nette le distinzioni nelle devozioni. È il caso di San Berardo, patrono di Teramo: nella sagrestia della cattedrale della città è custodito il dipinto, realizzato nel 1787 da un autore ignoto, intitolato *San Berardo che benedice la città*, e un dipinto simile si trova nella chiesa di S.Lucia a Giulianova, entrambi ricalcanti l'iconografia emidiana del santo a braccio teso benedicente Ascoli Piceno.

Il legame tra Sant'Emidio e il terremoto ha però origini lontane, ritroviamo questo mito in tre varianti nella sua vita: la distruzione di un tempio pagano a Treviri quando la famiglia cercò di costringerlo con la forza a rinnegare la fede in Dio, quella di un tempio di Ascoli per non dover fare un sacrificio agli dei e infine una legata al suo arrivo nella città marchigiana, dove con il solo toccare le mura cittadine causò un sisma che ne distrusse tutti i templi pagani.

Sant'Emidio non è certo l'unico santo a cui la sfrenata fantasia dei biografi ha assegnato il potere di provocare terremoti, sono svariati quelli che con la preghiera o con il semplice tocco abbattono templi pagani, allegoria della forza dirompente con cui il cristianesimo spazzò via le religioni politeistiche. San Giovanni Evangelista ad esempio provocò la rovina del tempio di Diana a Efeso, affresco che si può ammirare nella chiesa di Sant'Agostino a Rimini realizzato sulla spinta emotiva del sisma che colpì la città nel 1308 e curiosamente riscoperto il 17 maggio 1917 quando un nuovo movimento tellurico fece crollare la parete che lo celava da secoli.

Episodio, quello del crollo del tempio di Diana, riprodotto anche in un mosaico del XII secolo nella basilica di San Marco a Venezia. A Padova invece è San Giorgio, nell'oratorio omonimo, a causare il crollo di un tempio pagano nell'affresco di Altichiero da Verona, realizzato nel XIV secolo.

44. Gli affreschi della chiesa di Sant'Agostino a Rimini, riscoperti dopo il terremoto del 1917, da *Il bollettino d'arte*, n.1 seconda serie, 1921.

Ogni santo è caratterizzato da specifici "poteri", la fantasia degli agiografi fu estremamente fervida in tal senso, poteri che tutti conoscevano nella società non secolarizzata perché ben presenti nella vita quotidiana e che rispondevano alla necessità di protezione dei raccolti, degli animali, dai fenomeni naturali.

Questo bagaglio culturale non è stato totalmente disperso ma in parte rielaborato e riproposto sotto nuove spoglie: Sant'Emidio che regge l'edificio in procinto di crollare non è forse sovrapponibile a Superman che sostiene palazzi che stanno collassando, situazione vissuta dall'uomo d'acciaio in decine di sue avventure a fumetti? E San Saviniano che ferma le frecce a mezz'aria prima che lo trafiggano non è rintracciabile nel film *Matrix*, con Keanu Reeves sorta di figura messianica che in una scena ferma dei proiettili a pochi centimetri dal proprio volto? In fin dei conti forse non è così azzardato sostenere che i santi dei vangeli apocrifi o di testi come la *Legenda Aurea* rivivono nei moderni supereroi e nei loro straordinari superpoteri.

## 11. LA TERRA TREMA:
## I TERREMOTI TRA CINEMA E FUMETTO[19]

Situazione classica cinematografica: una spedizione scientifica scopre un'antichissima civiltà perduta o una valle dimenticata dal tempo in cui sopravvivono giganteschi rettili preistorici, ma immancabilmente nel finale della pellicola ecco che un'eruzione vulcanica o un devastante sisma ne spazza via ogni traccia. Non di rado nel cinema il terremoto è il *deus ex machina* che interviene per ripristinare l'ordine naturale delle cose, ma ancor più spesso si tratta semplicemente di una comoda via di fuga per sceneggiatori in deficit di creatività.

---

[19]  Elencare anche i film prodotti esclusivamente per il circuito televisivo riempirebbe diverse pagine, non si può certo affermare che il piccolo schermo sia stato avaro in ambito sismico, seppur generalmente siano caratterizzati da sceneggiature inconsistenti, attori pressoché sconosciuti e budget limitati, situazione quest'ultima che va a inficiare sulla resa visiva dei fenomeni tellurici. Esempio di produzione a basso budget è *The day the earth moved* (1974, di Robert Michael), dove il sisma è sostanzialmente mostrato con una roulotte che si ribalta... Per citare solo alcuni titoli relativamente recenti, nel 1990 viene girato *The great Los Angeles Earthquake*, nel 1999 *Aftershock: earthquake in New York*, nel 2000 è ancora una volta la città degli angeli a essere distrutta in *Epicenter*, trascurabile film poliziesco con protagonista, nel ruolo dell'agente Fbi, l'ex pornostar Traci Lords. A chiudere questa rapida carrellata *10.5*, decisamente poco credibile tv movie del 2004 di cui due anni dopo è stato realizzato un sequel intitolato *10.5: Apocalypse*. Nel campo dell'animazione merita un accenno *Electric Earthquake* (1942, Fleisher Studios), avventura in cui Superman affronta uno scienziato pazzo che, da una base segreta sul fondo dell'oceano, provoca disastrosi crolli attraverso terremoti artificiali. Piccolo gioiello è la serie *Conan ragazzo del futuro* (1978, di Hayao Miyazaki), adattamento del romanzo *The incredibile tide* di Alexander Key (1904 - 1979), in cui la follia umana ha portato alla distruzione della civiltà umana: gli ordigni elettromagnetici utilizzati nel terzo conflitto mondiale hanno spostato l'asse terrestre, con conseguenti cataclismi che hanno sprofondato in mare gran parte delle terre emerse, dove i sopravvissuti si sono organizzati in piccole comunità che cercano di sopravvivere tra pulsioni totalitarie e continui terremoti, come nel suggestivo diciannovesimo episodio intitolato *L'onda gigante*. Infine un rapido accenno alle serie animate giapponesi, basate sui fumetti di Go Nagai, che hanno per protagonisti robot giganti. Gli invasori vegani cercheranno di piegare *Atlas Ufo Robot* con l'ausilio di un'arma in grado di provocare scosse telluriche artificiali (episodio 15), mentre *Il terremoto misterioso* (episodio 35) è causato da un mostro meccanico lanciato alla ricerca della base segreta dei difensori dell'umanità. Situazione similare in *Jeeg robot d'acciaio*, in cui il sisma artificiale è un trucco per scoprire la base dell'eroe (episodio 10). Mazinga Z si troverà in grave difficoltà quando devastanti sismi artificiali, provocati da un folle ex nazista alleatosi con gli invasori spaziali, scuoteranno la città in *L'ultima occasione di Ashura* (episodio 39).

Come capostipite di questo filone si può indicare *L'Atlantide*, film muto francese girato nel 1921 da Jacques Feyder tratto dall'omonimo romanzo di Pierre Benoît; pur non essendo il primo film in assoluto dedicato alla mitica città, è certamente quello che godette dei maggiori favori di pubblico, andando a codificare tutta una serie di archetipi cinematografici riproposti negli anni a seguire da decine di pellicole più o meno riuscite, come *Nel tempio degli uomini talpa* di Virgil W. Vogel (1956) o il finale di *Indiana Jones e l'ultima crociata* (1989, di Steven Spielberg) in cui un sisma impedisce ad Harrison Ford di recuperare niente meno che il Sacro Graal.

Numerose le lande in cui il tempo si è fermato alla preistoria, che inesorabilmente saranno spazzate via dall'olocausto sismico: *Il figlio di King Kong* (1934, di Ernest Beaumont Shoedsack) scomparirà assieme alla sua isola a causa di un maremoto, *Il continente scomparso* (1951, di Sam Newfield) scoperto casualmente nel corso di un'esercitazione dell'aviazione statunitense sarà cancellato prima che inizi lo sfruttamento dei suoi giacimenti di minerali radioattivi, e non avrà scampo neppure *La terra dimenticata dal tempo* (1975, di Kevin Connor). In altri casi il terremoto è un semplice pretesto narrativo, riporta in vita creature preistoriche che sgranocchieranno qualche persona prima di essere abbattute, è il caso del dimenticabile *Terremoto 10° grado* di Junji Kurata (1977),

45.  Feroci dinosauri, favolosi tesori, civiltà perdute e il classico terremoto che ne cancellerà ogni traccia: tre tavole di Glenn Cravath (1897 - 1964) tratte dallo storyboard de *Il figlio di King Kong* (1934).

*Bug insetto di fuoco* (1975, di Jeannot Szwarc) e *Pirahha 3D* (2010, di Alexandre Aja), mentre in altri casi sono i mostri stessi responsabili di piccoli movimenti tellurici, come in *Tremors* (1990, di Ron Underwood), divertente e riuscita parodia a basso budget degli ingenui film di mostri degli anni '50.

Siete invece convinti che l'attuale conformazione delle terre emerse sia dovuta alla deriva dei continenti e alla tettonica a placche? Allora non dovete assolutamente perdere l'esilarante cortometraggio animato *Gone Nutty* (2002): uno scoiattolo maldestro sarà il responsabile della separazione della Pangea.

Cataclismi possono essere provocati artificialmente da invasori alieni per piegare la resistenza umana, accade ne *I Misteriani* (1957), film del padre dei mostri giapponesi Ishiro Honda, ma al cinema possiamo

46.
La locandina americana del film *Tremors* (1990).

imbatterci anche in terremoti coreografici, che non spaventano nessuno: in una scena del musical *42nd street* (1933, di Lloyd Bacon) assistiamo a un balletto all'interno di una scenografia costituita dai grattacieli di New York che si inclinano, ma si tratta di casi isolati, a essere privilegiato sul grande schermo è l'elemento spettacolare. In quello stesso anno Felix Ellison Feist gira *Diluvio. La distruzione del mondo*, film impreziosito da una lunga quanto drammatica scena di distruzione della Grande Mela, che non regge tuttavia il confronto con i crolli di *San Francisco*, pellicola sentimentale del 1936 di Woodbridge Strong Van Dyke in cui il sisma mette fine a un triangolo amoroso uccidendo il rivale di Clark Gable in una sequenza che, grazie ad un sapiente montaggio, risulta ancora oggi di notevole impatto.

47.
La locandina dell'edizione svedese del film *Diluvio. La distruzione del mondo* (1933).

E storia tra il nero e il rosa è *The shock* (1923, di Lambert Hillyer), film muto in cui uno strepitoso Lon Chaney, in un finale a dir poco delirante, come un moderno San Giovanni Evangelista, raccogliendosi in preghiera provoca il crollo del covo criminale: terremoto provvidenziale che salverà lui e la sua bella amata, certo, ma a scapito della città di San Francisco...

Nel 1951 Rudolph Maté gira *Quando i mondi si scontrano*, film dalla sceneggiatura a tratti evanescente ma meritato premio Oscar per gli effetti speciali, e nel 1965 Andrew Martin realizza *Esperimento I.S.:il mondo si frantuma*, apocalittica successione di distruzioni conseguenti a un folle esperimento di bombardamento atomico del nucleo terrestre, situazione che si ripeterà anche nel pretenzioso *The Core* (2003, di Jon

48.
La locandina dell'edizione americana del film *Surf nazis must die* (1987).

Amiel), in cui un gruppo di scienziati viene spedito al centro del pianeta per ripristinare i campi magnetici terrestri sconvolti dalla sperimentazione di un arma top secret in grado di provocare terremoti.

Decisamente più coinvolgente la scena, per quanto assurda, in cui nel film *Superman* (1978, di Richard Donner) il celebre supereroe inverte la rotazione terrestre per tornare indietro nel tempo e salvare la vita a Lois Lane, deceduta in un terremoto provocato dal supercattivo Lex Luthor bombardando la faglia di Sant'Andrea.

Intelligente satira della società occidentale è quella realizzata da John Carpenter nel 1996 con *Fuga da Los Angeles*, sequel che è quasi un remake del suo cult movie *1997 fuga da New York*, dove un sempre più disilluso e cinico Jena Plissken si muove nella città californiana staccatasi dalla terraferma dopo il *big one*.

La città degli angeli è tra le predilette da registi e sceneggiatori in virtù dell'elevata sismicità californiana. Persino la Troma, casa cinematografica di culto specializzata in film trash, dopo le celeberrime pellicole con protagonisti giganteschi pomodori assassini e vendicatori tossici, immagina la città in mano a violente gang giovanili in seguito al caos provocato dal big one, nel folle e sconclusionato *Surf nazis must dies* (1987, di Peter Gorge). Immagina è la parola più calzante: il sisma è raccontato da una voce fuoricampo, mentre sullo schermo scorrono immagini di un incendio notturno e, fugacemente, di un edificio in costruzione spacciato per uno parzialmente crollato.

Di maggior interesse è *Aftershock* (1988, di Frank Harris): Los Angeles è sprofondata in una sorta di neomedioevo conseguente al collasso della civiltà successivo al big one, che nella pellicola si verifica nel 1999. In una curiosa ibridazione di generi, il regime totalitario paramilitare che domina la città sarà abbattuto a colpi di arti marziali dall'archetipa figura del cavaliere senza nome che giunge dal deserto, aiutato dalla classica avvenente bionda che si rivelerà essere un alieno capitato accidentalmente sulla Terra.

Nell'odierna era degli invasivi effetti speciali digitali i terremoti cinematografici si assomigliano tutti, l'omologazione visiva riduce le esagerate distruzioni sul grande schermo a scene più simili a videogames destinate a un pubblico di teenagers, film privi di anima che vengono dimenticati appena usciti dal cinema come *Cyborg She* (2008, di Kwak Joe-Yong), film penalizzato da una sceneggiatura confusa, in bilico tra romanticismo, comicità e fantascienza, che si apre scimmiottando il ben più celebre *Terminator*, con un anziano scienziato che invia un cyborg indietro nel tempo per proteggere se stesso; nel finale un cataclisma sismico cancellerà letteralmente Hong Kong, distruggendo anche l'automa.

L'anno successivo Roland Emmerich cavalcò l'onda del successo commerciale delle teorie millenaristiche sulla presunta fine del mondo, che i Maya non profetizzarono assolutamente, con l'inguardabile *2012* e solo di poco superiore risulta lo stucchevolmente propagandistico *Aftershock* (2010, di Feng Xiaogang), melodramma familiare cinese che si sviluppa tra i terremoti di Tangshan del 1976 e del Sichuan del 2008.

49. La locandina dell'edizione americana del film *Terremoto* (1974).

Spettacolari anche le sequenze dello tsunami tailandese in *Hereafter* (2010, di Clint Eastwood) e *The Impossible* (2012, di Juan Antonio Bayona), altri due film che non entreranno certamente nella storia del cinema, così come il gratuitamente sanguinolento *Aftershock* (2012, di Nicolás Lòpez): tutte pellicole che fanno rimpiangere gli effetti speciali meccanici di *Terremoto* (1974, di Mark Robson), disaster movie ben diretto e supportato da un discreto cast in cui troneggia un ottimo Charlton Heston, esperienza visiva decisamente più coinvolgente di molti attuali kolossal da popcorn.

E in Italia? Nel 2011 usciva in sordina nelle sale cinematografiche *Scossa*, non del tutto riuscito film a episodi incentrato sul disastroso terremoto che colpì lo stretto di Messina nel 1908. Il post sisma del Belice fa da sfondo all'ottimo *La moglie più bella* (1970, di Damiano Damiani), spaccato sociale della Sicilia tra povertà, mafia e matrimoni riparatori: tra i set scelti dal regista figurano le baracche degli sfollati e le reali macerie dei paesi colpiti, tra cui Gibellina prima della sua totale quanto insensata demolizione.

Per chiudere due terremoti animati: *The Tree of Hope* realizzato dallo Studio Ghibli a sostegno delle aree colpite dal sisma giapponese del 2011, e *Tokyo Magnitude 8* (2009), serie in 11 episodi di Masaki Tachibara che racconta il lungo viaggio di due fratellini attraverso la capitale nipponica in preda al caos, tra crolli e continue scosse di assestamento, caratterizzata da un ottimo realismo nelle scene di distruzione degli edifici simbolo della capitale e da uno spiazzante quanto poetico finale.

Un fenomeno naturale tanto distruttivo quanto spettacolare non poteva quindi essere ignorato dai linguaggi popolari, fotoromanzo compreso: chi nel 2009 avesse acquistato il settimanale *Grand Hotel* avrebbe potuto leggere *Una notte di aprile*, una storia sentimentale ambientata in un campo sfollati a L'Aquila.

Tentare invece un excursus dei terremoti nel mondo del fumetto sarebbe arduo, vista la produzione sterminata nel campo delle nuvole parlanti, soprattutto per quanto riguarda i manga, essendo in Giappone estremamente sviluppata la consapevolezza del rischio sismico.

Tra i tanti, vale certamente la pena ricordare *51 modi per salvarla* di Usamaru Furuya (2006), miniserie che non si abbandona al facile gioco del solleticare brividi puntando su scene inutilmente sanguinose, spiccando per il realismo delle situazioni narrate e nel rappresentare gli effetti del sisma, veicolando ai lettori informazioni utili per la gestione di un'emergenza sismica.

Come prevedibile, nel paese del Sol Levante le iniziative editoriali legate a questo linguaggio espressivo si sono moltiplicate dopo il devastante terremoto e successivo tsunami del 2011, e tra quelle che fanno esplicito riferimento a quei tragici eventi si possono citare *Story 311*, raccolta di storie brevi realizzate da undici diverse autrici, *Before the Dawn*, vicenda che ruota attorno a quattro giovani ragazze di Fukushima e all'angosciosa convivenza con il pericolo radioattivo della centrale nucleare danneggiata e *Ai ni iku yo*, che racconta l'esperienza di un soccorritore nelle aree colpite dallo tsunami.

Infine non va dimenticato *Violence Jack*, manga serializzato a partire dal 1973 da Go Nagai: un devastante sisma ha distrutto e isolato Tokyo

50.
La copertina del primo numero dell'edizione giapponese di *51 modi per salvarla* di Usamaru Furuya (2006).

dal resto del Giappone, trasformando la capitale in un'isola sprofondata in una sorta di neomedioevo in cui regna incontrastata la violenza. Lo spunto di partenza non ricorda forse il successivo film *Fuga da Los Angeles* di Carpenter?

Nel fumetto argentino Dago avrà a che fare due volte con tsunami, in *La conquista della libertà* l'onda travolgerà il campo di battaglia su una spiaggia cubana al climax dello scontro, mentre ne *L'oro di Granada* è solamente accennato negli effetti il maremoto di Lisbona del 1531, semplice espediente narrativo per dare nuovo corso ad un'avventura del protagonista.

In Italia, il ranger Tex Willer scopre la classica landa dimenticata dal tempo abitata da dinosauri e popoli misteriosi, puntualmente distrutta da un terremoto, in *Le terre dell'abisso* (1964) e similare avventura la vivrà

51. Il ranger Tex Willer alle prese col terremoto che distruggerà la valle perduta popolata da creature preistoriche (1964). Disegni di Aurelio Galeppini.

nel 1983 Zagor in *Terremoto a Darkwood*: un sisma aprirà un passaggio verso un mondo sotterraneo popolato da orrende creature preistoriche e cavernicoli, spetterà allo "spirito con la scure" esplorarlo, accompagnato dall'inseparabile spalla comica Cico.

Nell'albo *La terra trema* di Martin Mystère (1998) sono protagoniste le teorie del complotto legate alle invenzioni di Tesla e le leggende metropolitane su armi top secret in grado di provocare movimenti tellurici, secondo il rodato meccanismo delle storie educational che hanno fatto la fortuna del personaggio creato da Alfredo Castelli. Il detective dell'impossibile si troverà nuovamente alle prese con i terremoti in *La minaccia di Allagalla* (2013), avventura vissuta tra giganteschi robot e sismi artificiali, espedienti narrativi per veicolare poco conosciute informazioni sulla sismicità di New York, realmente interessata da sismi nel 1737 e nel 1884. In ragione anche di altre storie pubblicate il 2013 in casa Bonelli sembrerebbe l'anno del terremoto, ma questo non sorprende certo chi conosce i meccanismi della realizzazione degli albi a fumetti, che possono avere gestazioni di diversi mesi prima dell'effettiva pubblicazione. Punto di forza della casa editrice milanese è la grande attenzione a quanto avviene nel mondo reale, sensibilità che si trasmette nelle avventure dei propri personaggi, e certamente gli eventi sismici emiliani del 2012 non potevano non influenzare la creatività degli sceneggiatori. Ecco che Zagor ne *Il giorno del giudizio* (albo 579) si trova coinvolto nella distruzione di Conception, incontrando nientemeno che Charles Darwin giunto a bordo della Beagle poche ore dopo il cataclisma, e infine a febbraio 2013 viene pubblicato *Il sigillo di Lazzaro*, avventura del cacciatore di vampiri Dampyr nella tristemente nota zona rossa de L'Aquila, dove i veri mostri non sono certo le creature soprannaturali ma chi, a oltre quattro anni dal sisma abruzzese, ha impedito la ricostruzione della città.[20]

---

[20] Terremoti a fumetti anche nelle avventure della sexy vampira Jacula (*Il terremoto di Messina*, n. 181, 1976), di Diabolik (*Terremoto*, anno XVI n. 17, 1977), di Alan Ford (*Terremoto*, n. 246, 1989) e nel poco conosciuto Elton Cop (*Terremoto medianico*, n. 2, 1991). Risale al 2005 la pubblicazione della graphic novel *1976 Terremoto del Friuli* di Paolo Cossi. Sulle pagine de «La Lettura» del 17 giugno 2012, inserto del *Corriere della Sera*, ha trovato spazio una rivisitazione a fumetti del sisma emiliano ad opera di Davide Toffolo, fumettista nonché leader della band *Tre allegri ragazzi morti*.

## 12. IL TERREMOTO SPIEGATO AI BAMBINI

Il modo migliore per generare consapevolezza del rischio sismico, educando a una corretta gestione dell'emergenza, consiste certamente nell'insegnamento a partire dall'infanzia di comportamenti adeguati utilizzando aspetti ludici e di intrattenimento.

Sono numerosi i prodotti a finalità educativa, tra i più recenti figura *Un drago sottosopra*, volume illustrato realizzato nel 2012 grazie alla collaborazione tra i bambini delle scuole elementari di Ferrara e di Cuneo, sintesi di un progetto didattico a cui ha collaborato lo scrittore Luigi Dal Cin.

Nel 1998 l'Osservatorio Geofisico Sperimentale di Macerata realizzava il *Gioco della scala Mercalli*, una serie di carte che illustrano i diversi gradi sismici attraverso semplici e immediati disegni e brevi nozioni teoriche.

In questi progetti, testimonial accattivanti che catturino l'attenzione dei più piccoli possono essere i personaggi dei fumetti: dalla collaborazione tra la Walt Disney Italia e la Protezione Civile è nato, nel 2000, l'albo *Alla riscossa contro il terremoto* allegato a Topolino n. 2313, mentre dopo il sisma e successivo tsunami del 2011 in Giappone è stato scelto il celebre gatto Doraemon per spiegare ai bambini come avviene un terremoto e come proteggersi da esso.

52.
Alcune carte de *Il Gioco della scala Mercalli* (1998).

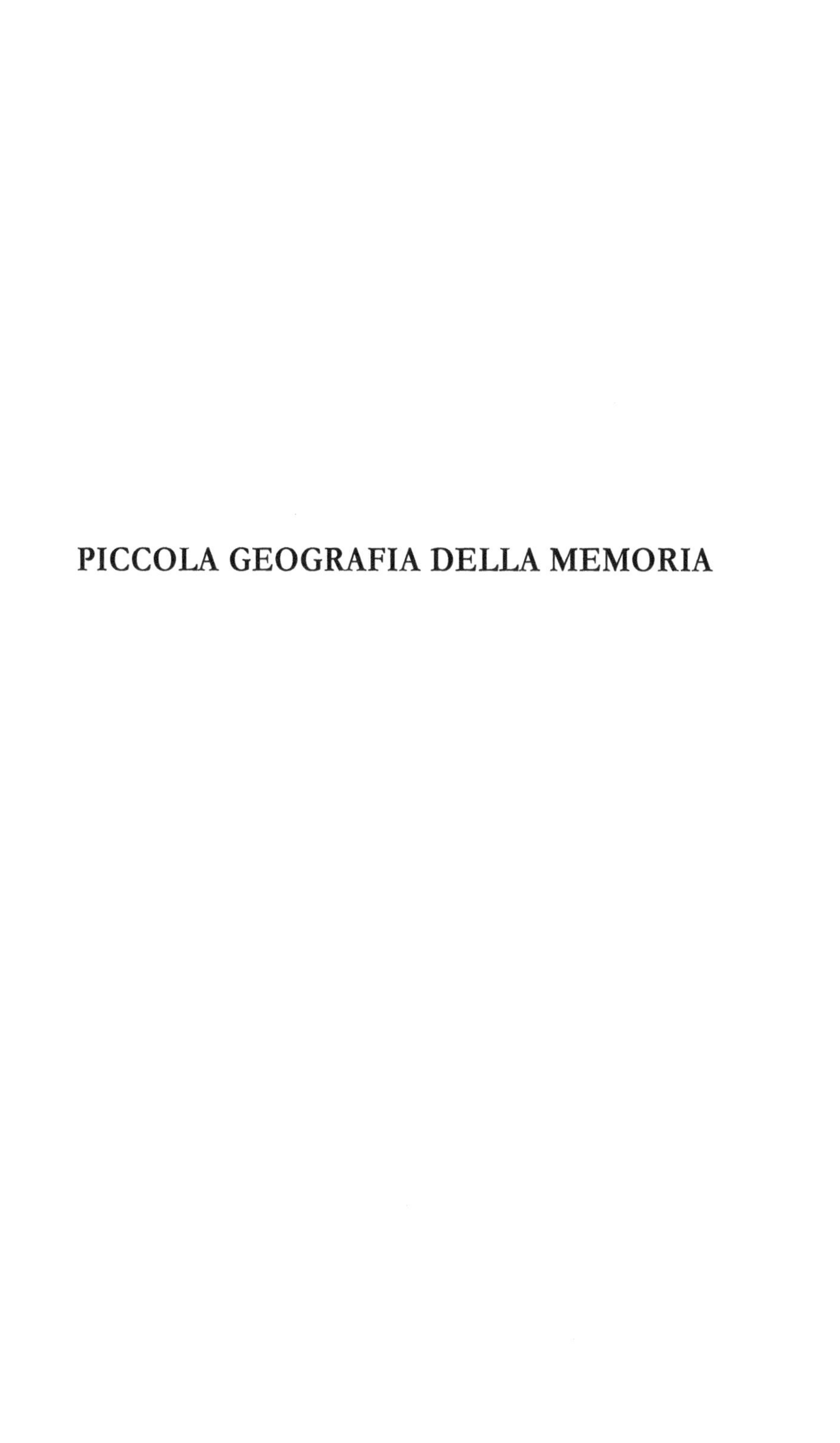

# PICCOLA GEOGRAFIA DELLA MEMORIA

# PICCOLA GEOGRAFIA DELLA MEMORIA

Antonella Iaschi - Emiliano Rinaldi

Lo scatto ferma l'emozione nell'attimo esatto in cui viene percepita dal fotografo, poi la foto diventa di pubblico dominio e le emozioni si moltiplicano, ognuno porta con sé la propria. C'è un immagine che sempre nella mia testa raffigura questo "miracolo": un sasso lanciato a pelo d'acqua che scatena la nascita di tanti cerchi allargando all'infinito la possibilità di emozionarsi.

È un "miracolo" estendibile a tutte le arti, visive e non, e coinvolge pensiero e sensi, perché la sollecitazione della memoria, che per me è il primo fattore scatenante di un'emozione, riporta la vista, l'olfatto, il tatto, l'udito e il gusto nei luoghi e negli spazi dove l'anima vuole tornare.

Quando ho visto per la prima volta le foto di Emiliano non ci ho messo molto a capire che mi aveva coinvolto... i suoi particolari hanno messo in moto quegli "starnuti" che per me sono voglia irrefrenabile di scrivere una poesia.

Dolore, paura, impotenza, tristezza possono essere le cose che escono da una prima lettura, perché questo è l'immediato. Ma so per certo che, chi come me ed Emiliano ama la sua terra e la sua gente, troverà altro fra le righe. Sono le passeggiate nella nebbia, i campi dorati e gli orizzonti piatti, la melodia dei pioppi suonati dal vento, il calore della gente che parla per strada, i volontari che si spendono per la necessità di condividere, la gola di gnocco fritto e lambrusco, il desiderio di sentirsi a casa, le cose "non scritte" che vorrei che la gente percepisse leggendo le mie poesie.

*Antonella Iaschi*

Non esiste un'univoca metodologia nella rappresentazione fotografica di una realtà urbana, questa può variare sulla scorta delle diverse esigenze comunicative e ad esse si adeguerà il fotografo privilegiando di volta in volta il registro espressivo più consono.

Dal confronto di diversi approcci può risultare approfondita la conoscenza del territorio, un esempio in tal senso viene dall'analisi di come il sisma de L'Aquila del 2009 sia stato indagato nei suoi effetti da tre diversi fotografi: il lavoro di Gianni Berengo Gardin si colloca con navigato mestiere, ma filtrato abilmente dalla sensibilità del fotografo, nel filone del confronto tra prima e dopo, le figure femminili inserite da Paolo Porto tra le macerie cittadine sono invece un tentativo di riappropriazione di uno spazio urbano sottratto alla collettività, mentre Giovanni Corazza realizza un vero e proprio rilievo fotografico eseguito con rigore metodologico, senza nulla concedere alla facile tentazione di realizzare estetizzanti scatti di facile presa emotiva.

La selezione di immagini dal cratere sismico emiliano che costituisce *Piccola geografia della memoria* non nasce come un rilievo fotografico, essendo priva di continuità di lettura dello spazio urbano, e nemmeno ha la pretesa di essere una denuncia sociale, considerando che la fotografia è priva di valore pedagogico, e conseguentemente incapace di educare le coscienze, pur essendo il falso mito della valenza sociale della fotografia ancora ben radicato e duro a morire.

*Piccola geografia della memoria* è una sorta di elenco visivo dei luoghi colpiti dalle scosse del 20 e 29 maggio 2012, una piccola finestra sui centri minori ignorati dai mezzi d'informazione, generata dalla consapevolezza che ben presto i riflettori mediatici si sarebbero spenti.

Il primo nucleo di immagini è stato realizzato di getto tra il 21 e il 23 maggio, ulteriori visite per documentare i luoghi colpiti sono state effettuate nell'autunno dello stesso anno e nella primavera del 2013.

*Emiliano Rinaldi*

# PICCOLA GEOGRAFIA DELLA MEMORIA
## SGUARDI & PENSIERI

53. Ferrara.

FERRARA

Hanno odor di fornace
le ferite emiliane,
di sudore e di nebbia
le radici dei luoghi.

Certo un nido di rondini
in altra primavera
ignorerà le stigmate
protese verso il cielo.

Quando terra è matrigna
l'uomo deve esser padre,
rimboccarsi le maniche
e curare la storia.

54. Reno finalese (Mo).

## RENO FINALESE

Le acque si divisero
per lasciarli passare,
i mattoni crollati
hanno lo stesso solco.

Alle spalle il passato
nel presente incertezza
e nel futuro il forse
di una quiete promessa.

Quel soffitto rimanda
la preghiera più bella
il sentirsi allattati
dalle stesse radici.

55. Casumaro (Fe).

## CASUMARO

Crepe sopra una pagina di storia
come pieghe in un libro maltrattato.

Il tempo scorre ancora, come volesse dirmi
di asciugare le lacrime scrivendo
per quei nomi lontani senza volto
e quelli che hanno un viso,
e una voce, e un profumo che so.

C'è sempre un cielo in alto sulle torri
e l'odore di muffa ai loro piedi
e sono sempre tante le parole
capaci di trasmettere memoria.

56.  Massa finalese (Mo).

MASSA FINALESE
*a Laura e Marzia*

Era un otto dicembre ed eravamo lì
con le nostre poesie, amiche non più giovani,
bambine come tutti gli artisti
che gettano la chiave dei giorni
per non perdere la voglia di stupirsi.

È passato anche maggio e siamo ancora lì
con le nostre poesie, amiche un po' più forti,
cresciute come tutti gli artisti
che bevono il dolore dei giorni
per non perdere la voglia di lottare.

57.   Buonacompra (Fe).

BUONACOMPRA

Resta intatto l'effimero
a ricordarci che il mondo non si ferma,
la bellezza ed i crolli, la fata e il sortilegio
tutto sembra irreale dopo maggio.

Ma è forte la mia terra anche se fatta a pezzi
vive con il suo sguardo color nebbia
e acceca con i riflessi dell'agosto,
ti abbraccia con le ombre di settembre,
ti regala brinate di diamante.

Avrà lacrime per riempire sette fiasche,
piedi per consumare sette paia di scarpe,
sette sue madri allatteranno il tempo
mentre i suoi uomini in tuta da lavoro
la vedranno più bella di una dea.

Resta in piedi l'effimero
ma quello che è perduto
non avrà mai paura delle rughe
nei racconti di chi non vuol scordarlo.

58.  San Felice sul Panaro (Mo).

## SAN FELICE SUL PANARO (I)

Il rosso dei rattoppi delle case
colora le tue immagini di storie,
come fosse la testa di un neonato
accarezzo con le dita della mente
le porosità del tuo grido-boato.

Concedo il mio sudore alle tue afe
respiro nel profumo delle nebbie
e cerco sui tuoi muri la firma delle piene
come un bambino cerca la sua tacca
sul primo metro del diventare grande.

La paura di un paesaggio cambiato
fa tremare il mio sogno di un ritorno,
il nuovo sempre sacrifica il passato
ma io ho bisogno delle mie radici
di mattoni e rattoppi conosciuti.

59.  Alberone di Cento (Fe).

ALBERONE

La livella miete il sacro e il profano
e la gente che passa
ha sguardi senza tessere.

La terra trema e l'uomo resta inerme,
chi crede può pregare,
gli altri nemmeno quello.

Ma la rabbia è come l'impotenza
sale dentro nel petto
fino a stringere la gola.

Poi senza far rumore
si trasformano in forza
l'uomo, diceva Brecht, può ragionare.

La livella miete il sacro e il profano
e la gente che passa
li ricostruirà entrambi.

60.  San Felice sul Panaro (Mo).

## SAN FELICE SUL PANARO (II)

Si passava di lì il lunedì mattina
per andare al mercato anche col gelo,
e nei giorni di festa coi bambini
perché le giostre sono una magia.

Si passava di lì col vestito da sera:
il teatro chiamava nelle sere d'inverno
allontanando il mondo, avvicinando il sogno,
perché tutto si avvera sopra a un palco.

Si passava di lì, maledetto sia maggio,
e mio padre ha parlato con la bandiera rossa
davanti a quella porta di elezioni lontane
per tirare il carretto di uno che ora è a Roma.

Si passava di lì per andare alla Rocca
dove le poesie diventavano pane
con Iset lo ricordi? Contavamo le grappe
per cantare canzoni che parlano d'amore.

Si passava di lì e sotto quei mattoni
restano i nostri passi, impronte sulla vita,
arenile dei giorni che segnavano il prima
lambito dalle onde che sbattono sul dopo.

61.  Palata Pepoli (Bo).

## PALATA PEPOLI

Rotto,
come tante altre cose
schegge di paura
precipitate dall'alto.

Se ci fosse del nero
penserei alla guerra
ed avrei un colpevole,
qualcuno da accusare.

Semplicemente rotto
dalla terra matrigna
e non posso accusare
una terra che amo.

62.  San Carlo (Fe).

SAN CARLO

Dentro di me come per terra
senza una spiegazione
se non l'appartenenza.

Uno squarcio
che si è aperto a distanza
proiettandomi indietro
in modo inaspettato.

Rifaranno le strade
con gettate d'asfalto,
io cucirò me stessa
respirando le nebbie?

63.  Camposanto (Mo).

## CAMPOSANTO

Braccia di legno nuovo
sostengono un pezzetto di me
anche se io varcavo quella porta
con il rispetto di chi non crede
solo per essere vicina
alle emozioni belle o tristi
di qualcuno che la varcava
con il rispetto di chi crede.

A volte aspettavo fuori
per non calpestare il dolore
con le mie bandiere impotenti
ed i miei passi infedeli,
e avrei voluto averne altri
per soffrire un po' meno
delegando ad un Dio
la consapevolezza di un dopo.

Braccia di legno nuovo
che lasceranno la presa
come una madre lascia il figlio
quando cammina da solo,
e ancora il riso degli sposi
sarà boccone per i passeri
e il profumo d'incenso
carezza di chi ci ha lasciato.

64. Cabianca (Mo).

## CABIANCA

È arrivato dicembre e sei ancora lì,
con la tua scritta in bianco resa incerta dal tempo:
"nella tua vita manchi solo tu", quante volte l'ho letta
come fosse un consiglio che il destino mi dava.

Quante volte negli anni hai segnato la rotta
nelle nebbie e nel cuore che batteva impazzito
vedevo la tua ombra e contavo i minuti,
Villa Giulia e l'amore, a sinistra più avanti.

Ti ho cercato, era giugno, e ti ho visto ferito
come le mie certezze di trovare la quiete,
Villa Giulia non so, ho guardato la strada,
sono solo mattoni con un altro padrone.

Ma tu sei lì, rimani, a segnarmi un ritorno
a dirmi che mi manco, che non trovo radici,
come un amico saggio dalle rughe profonde
ripeti il tuo consiglio al mio assurdo fuggire.

Ti ho cercato per primo, come si cerca il cielo
dopo ore passate rinchiusi in una stanza,
ho fermato la macchina e respirato forte
era giugno, ed ancora, ti accarezzo d'inverno.

65. Rivara (Mo).

## RIVARA

Questa è la terra che amo
piatta, senza confini, dagli orizzonti infiniti,
questa è la terra che piango
con le sue case di ieri dai rossi mattoni spezzati.

Eppure le stoppie si lasceranno arare
mentre qualcuno penserà alle stanze
dove ha vissuto le nebbie del mattino
e sognato coi grilli dell'estate.

Ecco, ricordo una notte, un luglio caldo,
un cielo con le stelle velate dall'afa
io coi primi dolori del parto
temuto, sconosciuto e tanto atteso.

La mia terra ha riacceso la Luna
ed è quel nome che ora mi consola
dentro un corpo di donna emiliana
che è corsa lì a fasciarsi le radici.

Questa è la terra del ritorno
che saprà offrirmi la quiete
delle sue dolci primavere
e il rosso dei suoi alberi in autunno.

66. Mirabello (Fe).

## MIRABELLO

È strano quanto male possa fare una pietra
che appartiene a quei giorni che hai già perso
se la vedi ammucchiata per terra
dove sostavi all'ombra di una torre.

È strano quanto dolore sconosciuto
ti precipiti dentro nel sentire
che la tua gente dorme fuori casa
e tu non sei con loro ad aspettare.

E ti accorgi di far parte di un tutto
che nessun censimento può chiarire,
di essere quel numero che manca
nella lista delle condivisioni.

La lontananza è un mare di paure,
è l'impotenza del non fare nulla
e il non essere lì dove dovresti
anche soltanto ad ascoltare il vuoto
di una torre che neanche più vedevi
perché era normale fosse lì.

67. Sant'Agostino (Fe).

SANT'AGOSTINO

Qualcuno mi dica che esiste un luogo
dove l'impotenza è sconfitta
partirò senza fare i bagagli
verso quella quiete senza sponde.

Qualcuno accarezzi il vuoto che ho dentro
con progetti capaci di avverarsi
rimboccherò le maniche e la mente
per condividerne il sudore e il sogno.

E qualcuno mi guardi senza dire
perché io possa leggergli negli occhi
e ritrovare il tutto per riempirmi
di immagini di ieri nel domani.

68.  Cavezzo (Mo).

## CAVEZZO

Ho al collo una foglia dorata
raccolta nelle campagne della Bassa
è pesante come la mia impotenza
è leggera come le mie certezze.

Guardo immagini che non vorrei vedere
cerco tracce fra polvere e macerie
la mia terra è madre di dolore,
i miei amici figli maltrattati.

Vorrei tagliare il cordone ombelicale
e dirle che la odio ma non posso
è appiccicata a me come la pelle
e scende sulle guance col suo sale.

Mi manca il tempo, ci vorranno anni
per vedere di nuovo le sue quieti
l'afa che cambia la luce delle piazze
l'ombra rifugio sotto le sue torri.

Quella foglia è legata a una catena
e lì mi aggrappo per restare a galla
ogni maglia è lo sguardo di qualcuno
che è lì e lavora per ricominciare.

69.  Mirandola (Mo).

MIRANDOLA

Ti ricordi la birra con Izet?
Come a Sarajevo adesso le crepe
vengono sostenute dal ferro,
come a Sarajevo adesso le anime
saprebbero annegare nell'alcool.
Ti ricordi la pizza con Izet?
Come in quella vita adesso i sorrisi
vengono a consolare i vuoti,
come in quella vita adesso i ricordi
uniscono un puzzle scomposto.
Ti ricordi i progetti con Izet?
Come in quei fogli adesso le parole
sono mezzo di condivisione,
come in quei fogli adesso l'impotenza
è sconfitta dalla voglia di reagire.

70.  Galeazza (Bo).

## GALEAZZA

Mattoni rossi, mattoni rossi, mattoni rossi
all'infinito urlerei le mie radici di fornace
ignorando  il presente di rovine
per il ricordo di schegge che scrivono
gessi gratuiti nel mio pugno bambino.
Giocavamo a campana ed a mondo
con noccioli di pesca e numeri graffiti
sulla strada accaldata dell'estate
mentre intorno le case sudavano
le nebbie, le piogge e le storie.
Mattoni rossi, mattoni rossi, mattoni rossi
quello che non vorrei si sta avverando
e spariscono i luoghi dell'infanzia
per far posto a qualcosa che verrà
forse più bello, di certo non più mio.

71.  Chiesanuova (Fe).

## CHIESANUOVA

Salomé ha ballato un'altra volta
e la sciabola ha ferito il presente
senza che nessuno sappia dare
una risposta certa alla paura  .
Rotolano teste di innocenti
ad ogni sobbalzo del destino
senza che nessuno santifichi
il sacrificio in nome del lavoro.
C'è una scritta ferita
sotto un mosaico intatto
senza che nessuno ascolti
il grido della mia impotenza.

# BIBLIOGRAFIA

# BIBLIOGRAFIA
## TESTI DI RIFERIMENTO


AA.VV., *A history of photography (from 1839 to present)*, Köln, Taschen, 2005.

AA.VV., *Catalogo dei terremoti della regione Emilia-Romagna*, Bologna, Pitagora Editrice, 1980.

AA.VV., *Gli ex voto in maiolica della chiesa della Madonna dei Bagni di Deruta*, Rimini, Nuova Guaraldi Editrice, 1983.

AA.VV., *Fratture. Storie dal sisma*, Modena, Elis Colombini Editore, 2012.

AA.VV., *L'immagine di Ferrara*, a cura del Centro Etnografico del Comune di Ferrara, Padova, Interbooks, 1985.

AA.VV., *Letture del paesaggio*, a cura del Centro Studi "Fotografia e Territorio", Padova, Interbooks, 1991.

AA.VV., *Mallet's survey on the earthquake of 1857. Photographs*, Bologna, SGA Storia Geofisica Ambiente, 1987.

EMANUELA ANGIULI (a cura di), *Documenti di cultura popolare in Italia Meridionale. Puglia, ex voto*, Galatina (Le), Congedo Editore, 1977

RICCARDO BACCHELLI, *Il mulino del Po: Dio ti salvi*, Milano, Arnoldo Mondadori Editore, 1957.

ENZO BOSCHI, EMANUELA GUIDOBONI, *I terremoti a Bologna e nel suo territorio dal XII al XX secolo*, Bologna, Editrice Compositori, 2003.

DIEGO CAJELLI, FABRIZIO RUSSO, «Il sigillo di Lazzaro», in *Dampyr* n. 155, Milano, Sergio Bonelli Editore, 2013.

SIMONA CASOLI, «Su un fenomeno naturale descritto da Plinio accaduto nel territorio modenese», in *Urbanizzazione delle campagne dell'Italia antica*, a cura di Lorenzo Quilici e Stefania Quilici Gigli, Roma, L'Erma di Bretschneider, 2002.

ALFREDO CASTELLI, GIULIO CESARE CUCCOLINI, *L'arte mysteriosa*, allegato allo *Speciale Martin Mystère* n. 15, Milano, Sergio Bonelli Editore, 1998.

VIVIANA CASTELLI, ROMANO CAMASSI, «A che santo votarsi. L'influsso dei grandi terremoti del 1703 sulla cultura popolare», in *Settecento abruzzese. Eventi sismici, mutamenti economici-sociali e ricerca storiografica. Atti del convegno. L'Aquila 29-30-31 ottobre 2004*, a cura di Raffaele Colapietra, Giacinto Marinangeli, Paolo Muzi, L'Aquila, Colacchi, 2007.

ERMANNO CAVAZZONI, *Le leggende dei santi di Jacopo da Varagine*, Torino, Bollati Boringhieri, 1993.

MARINA CAZZANTI, «La rappresentazione del terremoto nel medioevo: fonti vetero e neo testamentarie e fonti figurative», in *Anecdota: quaderni della Biblioteca Lodovico Antonio Muratori*, numero 1/2, Comacchio, Spazio libri Biblioteca civica L. A. Muratori, 2004.

EDOARDO ALDO CERRATO, *Papa Orsini tra San Domenico e San Filippo Neri. Fonti, studi, spiritualità*, relazione al convegno di studi su Benedetto XIII, Roma, 24 febbraio 2012.

GIOVANNI CORAZZA, SIMONA GUERRINI, *Il rimpianto del nido. L'Aquila e il suo territorio a due anni dal terremoto*, Cento (Fe), Baraldi, 2011.

ANGELA DE VANNA, ROBERTO MONTICELLI, *L'insediamento sociale nel ferrarese legato all'evoluzione geomorfologia ed idrografica del territorio*, Bologna, ENEA - Dipartimento Ambiente, 1994.

SAMUEL FALLOWS, RICHARD LINTHICUM, TRUMBULL WHITE, *Complete Story of the San Francisco Horror, 1906: By the Survivors and Rescuers*, San Francisco, Hubert D. Russell, 1906.

MARIO FANTI, LORENZO PAOLINI, *Codice diplomatico della chiesa bolognese. Documenti autentici e spuri (secoli IV-XII)*, Roma, Istituto storico italiano per il Medioevo, 2004.

FERRARIAE DECUS, *Ferrara: danni di guerra. 50 fotografie dall'Archivio della "Ferrariae Decus"*, Ferrara, Liberty House, 1995.

PIETRO COCCOLUTO FERRIGNI (YORICK), «La fotografia», testo della conferenza letta il 26 maggio 1889 nell'aula magna dell'Istituto di Studi Superiori di Firenze, in *Conferenze di Yorick*, Livorno, Raffaello Giusti, 1903.

FRANCESCO FILIPPINI, «Gli affreschi nell'abside della chiesa di Sant'Agostino in Rimini e un ritratto di Dante», *Il bollettino d'arte*, n. 1 serie II, Roma, Ministero dei beni culturali, 1921.

ALBERTO FIZ, «Mauro Staccioli. Cerchio imperfetto», in *Arte e Carte, periodico di cultura informazione e creatività artistica*, 27 luglio 2011.

GIANNI BERENGO GARDIN, *L'Aquila prima e dopo*, Roma, Contrasto, 2012.

ALESSANDRA GASPARRONI, «La devozione dimenticata e il recupero dell'identità: due santi per un terremoto», in *Notizie dalla Delfico, quadrimestrale di informazione bibliografica*, anno XXIV, 2010.

ARNOLD GENTHE, *As I remember*, New York, Reynald & Hitchcok, 1936.

PAOLO GOLINELLI, *Terremoti in Val Padana: storia e attualità*, Milano, Mursia, 2012.

EMANUELA GUIDOBONI, «Gli ingegneri del granduca di Toscana e i terremoti del Seicento: una nota sull'eredità dell'osservare e del descrivere», in *Storia dell'ingegneria. Atti del secondo convegno nazionale, Napoli 7-8-9 aprile 2008*, a cura di Salvatore D'Agostino, Napoli, Cuzzolin, 2008.

EMANUELA GUIDOBONI, «I terremoti del territorio ferrarese», in *Storia illustrata di Ferrara*, a cura di Francesca Bocchi, Milano, Aiep, 1987.

Emanuela Guidoboni, Alberto Comastri, Giusto Traina, *Catalogue of ancient earthquakes in the Mediterranean area from up to the 10th century*, Roma, Istituto nazionale di geofisica, 1994.

Emanuela Guidoboni, Alberto Comastri, *Catalogue of earthquakes and tsunamis in the Mediterranean area from the 11th to the 15th century*, Roma, Istituto nazionale di geofisica e vulcanologia, 2005.

Emanuela Guidoboni, Marco Folin, «Terremoti a Ferrara e nel suo territorio: un rischio sottovalutato», in *Ferrara, voci di una città*, n. 33, 2010.

Emanuela Guidoboni, Gianluca Valensise, *Il peso economico e sociale dei disastri sismici in Italia negli ultimi 150 anni*, Bologna, Bononia University Press, 2011.

André Gunthert, Michel Poivert, *Storia della fotografia, dalle origini ai nostri giorni*, Milano, Electa, 2008.

Luigi Iafrate, «Il violento terremoto di Ferrara del 1570 nel Fondo di sismolologia della biblioteca CRA-CNA», in *Meteorologia di Roma anno 2011*, a cura di Maria Carmen Beltramo, Roma, Consiglio per la ricerca e la sperimentazione in agricoltura, 2012.

Attilio Lauria, «Istagram», in *Fotoit*, n. 07/08, luglio/agosto 2013.

Pirro Ligorio, *Libro di diversi terremoti*, a cura di Emanuela Guidoboni, Roma, De Luca Editori d'Arte, 2005.

Robert Mallet, *Great Neapolitan Earthquake of 1857: The First Principles of Observational Seismology as Developed in the Report to the Royal Society of London of the Expedition Made by Command of the Society Into the Interior of the Kingdom of Naples, to Investigate the Circumstances of the Great Earthquake of December 1857*, Londra, Chapman, 1862.

Hans-Michael Koetzle, *50 icone della fotografia. Le storie dietro gli scatti*, Köln, Taschen, 2012.

LARA-VINCA MASINI, *L'arte del Novecento. Dall'Espressionismo al Multimediale*, Firenze, Giunti, 1989.

MICHAEL MATHEUS, GABRIELLA PICCININI, GIULIANO PINTO, GIAN MARIA VARANINI, *Le calamità ambientali nel tardo medioevo europeo: realtà, percezioni, reazioni*, Firenze, Firenze University Press, 2010.

LUIGI MIGNACCO, ENRICO BAGNOLI, MAURIZIO GRADIN, «La minaccia di Allagalla», in *Martin Mystère* n. 329, Milano, Sergio Bonelli Editore, 2013.

GIOVANNI MONGINI, CLAUDIA MONGINI, *Storia del cinema di fantascienza*, Roma, Fanucci, 1999.

ALESSANDRO MONTOSI, «Giappone: conoscere il terremoto e i suoi effetti grazie a un manga», in *Il capoluogo*, 1 aprile 2011.

LEANDRO NOVELLI, MARIO MASSACCESI, *L'ex voto nel santuario della Madonna del Monte di Cesena*, Cesena, Santa Maria del Monte, 1961.

MIRKO ORLANDO, «Ipermediazione e crisi della memoria», in *Gente di fotografia*, n. 54, anno XVIII, 2012.

MARCO PIZZO, *Lo stivale di Garibaldi. Il Risorgimento in fotografia*, Milano, Mondadori, 2011.

GIULIA RACITI, «L'Aquila: città-set, città-corpo», in *Gente di fotografia*, n. 54, anno XVIII, 2012.

EMILIANO RINALDI, «Improbabili teorie per spiegare i terremoti», in *Mumbleduepunti*, 24 maggio 2013.

EMILIANO RINALDI, «Il terremoto non è un castigo divino», in *Mumbleduepunti*, 22 novembre 2012.

ROBERTO RODA, «L'immagine della città», in AA. VV., *Fotografia ferrarese (1850 - 1920)*, Portomaggiore (Fe), Arstudio C, 1984.

ROBERTO RODA, «L'immagine di Ferrara nelle fotografie di Masotti, Monti, Baglioni», in *L'immagine di Ferrara*, a cura del Centro Etnografico del Comune di Ferrara, Portomaggiore (Fe), Arstudio C, 1985.

Roberto Roda, «Fotografia e territorio. Metodologie e ricerca fotografica», in Aa. Vv., *Ravalle. Audiovisivi e territorio*, Portomaggiore (Fe), Arstudio C, 1985.

Roberto Roda, Emiliano Rinaldi, *Ai margini della realtà. Esercizi di fotografia concettuale liberamente ispirati a Blow Up di Antonioni*, Mantova, Editoriale Sometti, 2013.

Paolo Rumiz, «L'altra faccia della Padania», in *La Repubblica*, 28 agosto 2009.

Michele Smargiassi, *Un'autentica bugia. La fotografia, il vero, il falso*, Roma, Contrasto, 2009.

Gian Antonio Stella, «Gibellina, cimitero creato dagli artisti», in *Corriere della sera*, 12 gennaio 1998.

Pina Testoni (a cura di), *Zone sismiche e sismicità in Emilia-Romagna per una strategia di difesa dai terremoti*, Bologna, Dipartimento Ambiente-Territorio-Trasporti della Regione Emilia Romagna, 1982.

Angela Vettese, *Si fa con tutto. Il linguaggio dell'arte contemporanea*, Bari, Laterza, 2010.

Bruno Vidoni, «L'improbabile verità dell'immagine ottica», in Aa. Vv., *Ravalle. Audiovisivi e territorio*, Portomaggiore (Fe), Arstudio C, 1985.

Licia Vignotto, Giuseppe Malaspina, *C'è un tremore. Frammenti di quotidianità al tempo del terremoto*, Cento (Fe), Freccia d'oro, 2012.

Robin Wood, Carlos Gomez, «La conquista della libertà», collezione *Dago tuttocolore*, n. 30, Roma, Editoriale Aurea, 2012.

Robin Wood, Carlos Gomez, «L'oro di Granada», collezione *Dago tuttocolore*, n. 40, Roma, Editoriale Aurea, 2013.

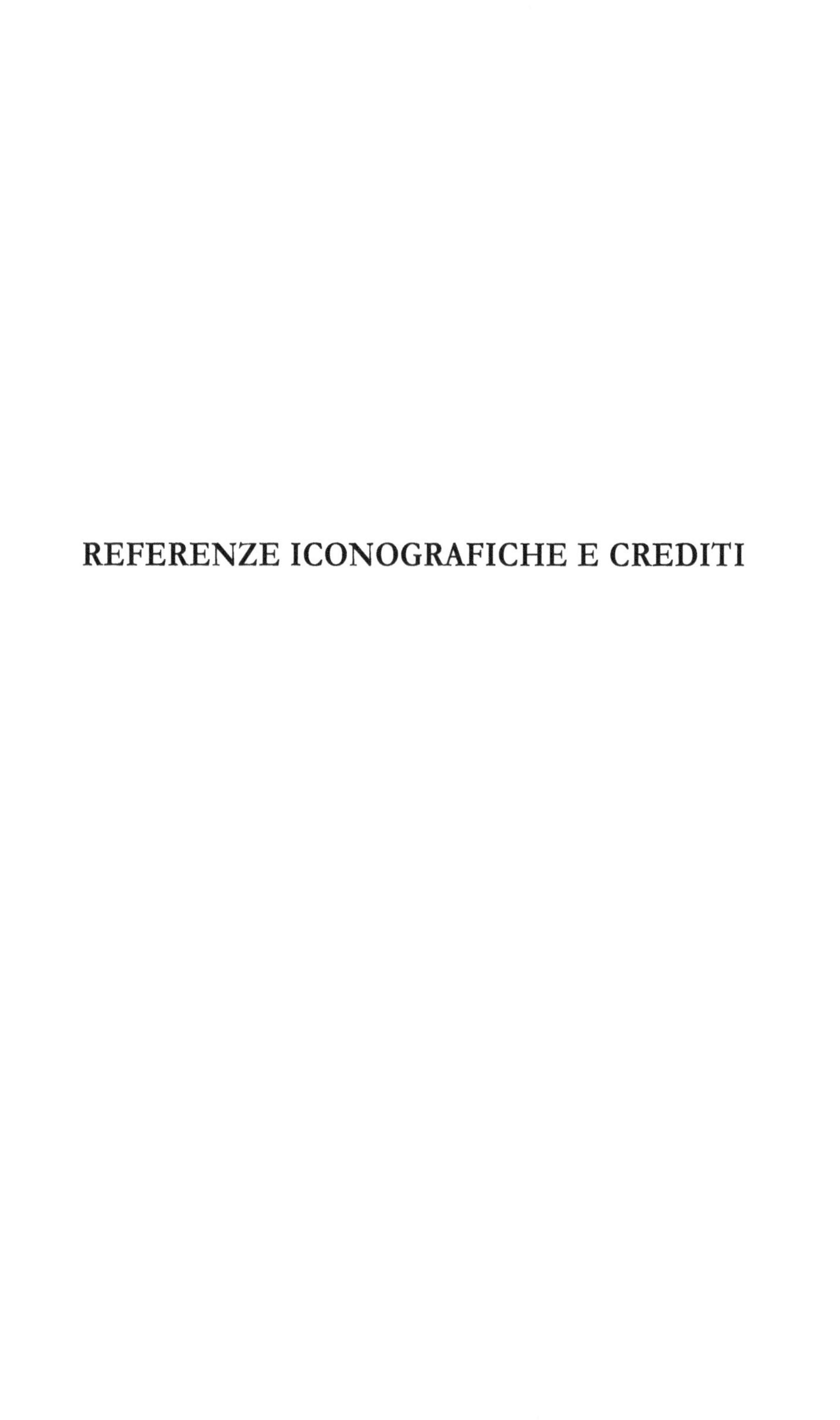

# REFERENZE ICONOGRAFICHE E CREDITI

# Referenze iconografiche e crediti

1-9. Emiliano Rinaldi; **10.** Luna Malaguti ©2013; **11-12.** Arianna Balboni ©2012-2013; **13-16.** Emiliano Rinaldi; **17.** D.A. ©2008-2013; **18.** Arnold Genthe, 1906; **19.** Sandra Calzolari ©2012-2013; **20-21.** Sara Cestari ©2012-2013; **22.** Croix-Rouge Libanaise ©2012-2013; **23.** Katsushita Hokusai, 1826, xilografia, da *36 vedute del Monte Fuji*; **24.** Segnaletica di allerta tsunami; **25.** Michael Wolgemüt, 1493, incisione, da Hartmann Schedel, *Cronaca di Norimberga*; **26-27.** 1544, incisioni, da Sebastian Münster, *Cosmographia*; **28.** collezione privata; **29-30.** Alphonse Bernoud, 1857; **31.** «The Graphich», 23 gennaio 1915, collezione privata; **32.** J.C.Wickham, 1835, tratto da *Narrative of the surveying voyages of His Majesty's Ships Adventure and Beagle between the years 1826 and 1836, describing their examination of the southern shores of South America, and the Beagle's circumnavigation of the globe. Proceedings of the second expedition, 1831-36, under the command of Captain Robert Fitz-Roy*, di Robert Fitz-Roy; **33.** 1906, cartolina postale; **34.** «La Domenica del Corriere», 24 novembre 1946, la copertina illustrata da Walter Molino; **35.** «Il Mattino», 26 novembre 1980, prima pagina; **36.** Sandro Fabbri ©2010-2013; **37.** Associazione volontari Campo Angelina di Novi di Modena, particolare della grafica della tshirt realizzata per la raccolta fondi ©2012-2013, foto della tshirt di Sandro Fabbri ©2013; **38-39.** cartoline a soggetto sismico, collezione privata; **40.** inserzione pubblicitaria, 1910; **41.** Hermann Gall, 1556, incisione; **42.** ex voto conservato nella chiesa della Madonna del Bagno di Deruta, 1943; **43.** Santino di Sant'Emidio, prima metà del XX secolo; **44.** «Il bollettino d'arte», n. 1 serie II, 1921, collezione privata; **45.** Glenn Cravath, 1934; **46.** *Tremors*, Universal Studios ©1990, locandina americana del film; **47.** *Diluvio. La fine del mondo*, 1933, locandina svedese del film; **48.** *Surf nazis must dies*, Troma Entertainment ©1987, locandina americana del film; **49.** *Terremoto*, Universal Pictures ©1974, locandina americana del film; **50.** *51 modi per salvarla (Kanojo wo Mamoru 51 no Houhou)* ©2006 Shinchosha, copertina del primo numero dell'edizione giapponese; **51.** ©2013 Sergio Bonelli Editore, disegni di Aurelio Galeppini; **52.** Osservatorio geofisico sperimentale di Macerata ©1998; **53-71.** Emiliano Rinaldi.

# LA MOSTRA

Con il Patrocinio dell'Assemblea legislativa della Regione Emilia - Romagna e del Comune di Camposanto (Modena)
Regione Emilia-Romagna
Assemblea Legislativa
CrediFriuli
CREDITO COOPERATIVO FRIULI
Filiale di Savorgnano e Povoletto
www.credifriuli.it
LaRinascita
www.larinascitacultura.it
Giuseppe Zurini, intermediario assicurativo
Via Roma 176, Tricesimo (UD)
tel 0432.880174
fax 0432.883924
giuseppe.zurini@gmail.com
TARAMOT
parole come mattoni
da maggio 2013 a maggio 2014
PICCOLA GEOGRAFIA DELLA MEMORIA
mostra fotografica di Emiliano Rinaldi
poesie di Antonella Iaschi
dal 5 al 24 maggio 2013
LA LUCE OLTRE LE CREPE
copione e performance ideati da Roberta De Tomi
poesie tratte dall'omonima antologia (Berini Editore, 2013)
UDINE, via Cisis 56
(Presso La Rinascita)
domenica 5 maggio
ore 16,30

# LA MOSTRA

La mostra *Piccola geografia della memoria* è nata all'interno di *Taramot: parole come mattoni*, un progetto culturale di solidarietà che ha coinvolto attivamente associazioni, enti e imprese del Friuli-Venezia Giulia e dell'Emilia Romagna, due regioni che hanno condiviso, anche se in tempi differenti, la medesima tragica esperienza. Due regioni unite dunque da un filo rosso di emozioni e di paure, che però è anche coraggio di ricominciare, voglia di ricostruire la propria storia, senza farsi intimidire, lì dove la terra che trema per un attimo l'ha interrotta.

* * *

La mostra ha esordito a Modena, dal 16 dicembre 2012 al 6 gennaio 2013 presso la Sala dell'Oratorio della Biblioteca Estense di Modena (allestita in versione ridotta, 5 fotografie, all'interno della collettiva fotografica *Fratture. Storie dal sisma*), quindi è proseguita a Udine, dal 5 al 24 maggio 2013, presso la sede dell'associazione culturale «La Rinascita» e poi a Tricesimo (Ud), dal 5 luglio al 10 settembre 2013, presso «Il Glicine».

Sempre a Tricesimo, a conclusione delle prime due tappe friulane di *Piccola geografia della memoria*, il 10 novembre 2013, i pannelli fotografici e le poesie a essi abbinate, unitamente alle opere di altri artisti, sono stati battuti all'asta benefica *Progetto*

*Taramot: artisti per l'Emilia*, i cui proventi sono stati destinati al fondo per la ricostruzione delle scuole di Camposanto e Finale Emilia (Mo).

Per ulteriori informazioni sulla circuitazione della mostra *Piccola geografia della memoria* e/o per richiederne l'allestimento espositivo nella propria città, contattare gli autori inviando una mail a:

emiliano.rinaldi@libero.it

papaverogiallo@tiscali.it

Finito di stampare nel mese di ottobre 2018 presso
da Rotomail Italia S.p.A.
Printed in Italy